我国新型城镇化进程中的城市行政体制创新

张占斌　冯俏彬　黄锟　安森东　著

国家行政学院出版社

图书在版编目（CIP）数据

我国新型城镇化进程中的城市行政体制创新/张占斌等著．—北京：国家行政学院出版社，2017.1

ISBN 978-7-5150-1889-8

Ⅰ．我…　Ⅱ．①张…　Ⅲ．①城市管理—行政管理—体制创新—研究—中国
Ⅳ．①F299.23

中国版本图书馆 CIP 数据核字（2017）第 007540 号

书　　名　我国新型城镇化进程中的城市行政体制创新
作　　者　张占斌　冯俏彬　黄　锟　安森东
责任编辑　王　莹
出　　版　国家行政学院出版社
（北京市海淀区长春桥路 6 号　100089）
（010）68920640　68929037
编 辑 部　（010）68928764
经　　销　新华书店
印　　刷　北京九州迅驰传媒文化有限公司
版　　次　2017 年 1 月北京第 1 版
印　　次　2017 年 1 月北京第 1 次印刷
开　　本　170 毫米×240 毫米 16 开
印　　张　8.5
字　　数　129 千字
书　　号　ISBN 978-7-5150-1889-8
定　　价　28.00 元

目　录

引　言

城镇化是人类社会从农业社会向工业社会、后工业社会发展的必经阶段，是各国在实现工业化、现代化过程中所经历的一次巨大的社会变迁。城镇化是目前世界上最重要的社会现象和经济现象之一。

诺贝尔经济学奖获得者斯蒂格利茨曾把“中国的城镇化”与“美国的高科技”并列为影响21世纪的最重大事件。李克强总理则从世界现代化发展的规律、中国经济增长的内生动力、解决“三农”问题的有效手段、使中国巨大的国内回旋余地得以充分施展等方面，系统地提出了中国城镇化发展的战略问题，并把城镇化既当作增长和发展问题，更看作是系统改革的问题。

根据国务院2014年11月印发的《关于调整城市规模划分标准的通知》，以城区常住人口为统计口径，城区常住人口50万以下的城市为小城市，城区常住人口50万以上100万以下的城市为中等城市。据此，本课题所指“中小城市”是指城区常住人口100万以下的城市。

学术界研究城镇化的历史已有几十年，但是，各学科对城镇化没有形成统一的看法。人类学研究城镇化注重社会规范，城镇化带来人类生活方式的转变，由传统的乡村生活方式转为现代化的城镇生活方式。经济学者认为，城镇化是农业活动向非农业活动的转换过程，是经济结构实现转换的过程，特别强调生产要素的流动对推动城镇化发展的作用。地理学主要研究区域与人类活动之间的关系，非常注重经济、社会、政治和文化等人文因素在区域上的分布情况。在城镇化各种定义中有一种较普遍接受的提法是：人口向城镇集中的过程即为城镇化。由于人口向城镇集中或迁移的过程包含了社会、人口、空间、经济转换等多方面的内容，加上比较简单易行、有一定可比性，故这一城镇化定义为人口学、地理学、社会学和经济学界普遍接受。综上所述，城镇化一词有着广泛而丰富的内涵：城镇化是城镇经济、社会、文化等渗透到农村的过程，是人口集中和产业聚集的过程，是人口结构改变的过程。

相对城镇化而言，新型城镇化突出以人为核心，推动城市现代化、城市生态化、农村城镇化，实现人口向城镇的集中，促进优势资源与生产要素在农村与城镇之间的合理流动，实现产业结构、就业结构、空间结构、基层治理的调整以及文化与观念的转型，推进城市与农村一体化协调发展。新型城镇化的“新”就是改变过去片面追求城市的规模扩大、摊大饼式的发展模式。新型城镇化的“新”主要体现在以下几个方面：“新”在涵盖农村，注重农村与城市的协调发展；“新”在不牺牲农业和环境，依据特色发展优质高效农业产业；“新”在第一、二、三产业的协调集聚发展，农民就业可以就近转移到第二、三产业中去；“新”在农民身份的改变，农民和市民享受一样的居住环境和公共服务。所以，本课题所研究的“新型城镇化”是以城乡统筹、城乡一体、产城互动、节约集约、生态宜居、和谐发展为基本特征的城镇化，是大中小城市、小城镇、新型农村社区协调发展、互促共进的城镇化。新型城镇化的“新”就是要由过去片面注重追求城市规模扩大、空间扩张，改变为以提升城市的文化、公共服务等内涵为中心，真正使我们的城镇成为具有较高品质的适宜人居之所。

行政体制是国家体制的重要组成部分，属于上层建筑的范畴。行政体制创新是推动上层建筑适应经济基础的必然要求。改革开放以来，我国城镇化实践不断发展，经济基础发生了广泛而深刻的变化。为适应经济基础的变化，中央提出了一系列推进城镇化的方针战略，行政体制改革不断推进，为城镇化发展提供了重要保障。但总的看，我国现行的城镇行政体制带有明显的计划经济体制烙印，与城镇化发展的新阶段、新要求、新趋势还很不适应，在很大程度上制约了城镇化的发展。这种不适应一方面表现为纵向行政层级过多，行政管理信息失真、效率不高、财权与事权失衡；另一方面，表现为城市间合作机制不健全，不同城市间存在明显的行政分割现象，限制了区域经济社会事业的协同发展。

成都作为四川省省会和中国西部重要中心城市，其中小城市新型城镇化面临着与全国相似的问题，开展成都市中小城市新型城镇化行政体制创新研究，破解成都市中小城市新型城镇化发展瓶颈，具有重要的理论和现实意义。

第一章　我国城镇化发展历程

一、我国城镇化发展历程

中华人民共和国成立以来中国城镇化的历程，以党的十一届三中全会为界，分为两个时期：改革开放以前（1949—1978 年）是计划经济体制中的城镇化发展时期，改革开放以后（1979 年至今）是经济市场化改革中的城镇化发展时期。在这两个时期中，由于经济发展阶段不同，尤其是面临的体制和制度迥异，城镇化经历了不同的历程，呈现出不同的特征，也取得了不同的进展，存在着不同的问题。分析和总结中国城镇化历程中的基本特征和利弊得失，对于推进城镇化健康、和谐、可持续发展具有重要的参考价值。

（一）改革开放以前城镇化的发展阶段

1949—1978 年，中国城镇化发展呈现出曲折、反复和总体水平缓慢上升的态势。根据这一发展态势，可以将这一阶段的城镇化划分为三个阶段，即起步发展阶段（1949—1957 年）、不稳定发展阶段（1958—1965 年）和停滞发展阶段（1966—1978 年）。

1. 城镇化起步发展阶段（1949—1957 年）

1949 年，中国仅有城市 69 个，城市非农业人口 5 765 万人，城市化水平（以城市非农业人口占总人口的比重计算）为 10.64%。在国民经济恢复和“一五”建设时期，大规模的经济建设、工业化水平和整个社会生产力的迅速发展，成为这一时期城镇化发展的产业基础。与此同时，对一批老城市还进行了扩建和改造，如武汉、成都、太原、西安、洛阳、兰州等老工业城市；加强发展了鞍山、本溪、哈尔滨、齐齐哈尔、长春等大中城市。一大批新建扩建工业项目在全国城市兴建，对劳动力的需求和对城市建设、经济发展、服务业的兴起，都起到了有力的推动作用，农村人口大量迁入城市，城市化加速发展（见表1）。这一阶段，中国工业建设的布局开始向内地倾斜，内地城镇化的进程由此加快。到1957年，中国城市数量为176座，比1949年增长1.6倍，平均每年增长12.42%；城镇人口数量为9 949万人，比1949年增长72.58%，平均每年增长7.06%；城市化率为15.39%，比1949年提高4.75个百分点，平均每年提高0.59个百分点。

表1 改革开放以前中国城市化发展的基本情况

年份	全国总人口（万人）	城镇人口（万人）	城市化率（%）	城市数量（座）
1949	54 167	5 765	10.64	69
1950	55 196	6 169	11.2	—
1951	56 300	6 632	11.8	—
1952	57 482	7 163	12.5	—
1953	58 796	7 826	13.31	166
1954	60 266	8 249	13.69	165
1955	61 465	8 285	13.48	163
1956	62 828	9 185	14.62	175
1957	64 653	9 949	15.39	176
1958	65 994	10 721	16.25	176
1959	67 234	12 371	18.41	183
1960	66 207	13 073	19.75	208
1961	65 859	12 707	19.29	208
1962	67 295	11 659	17.33	198
1963	69 172	11 646	16.84	174
1964	70 499	13 045	18.37	169
1965	70 797	13 045	17.98	171
1966	74 542	13 313	17.86	175
1967	76 368	13 548	17.74	175
1968	78 534	13 838	17.62	175
1969	80 671	14 117	17.50	175
1970	82 992	14 424	17.38	176
1971	85 229	14 711	17.26	180
1972	87 177	14 935	17.13	181
1973	89 211	15 345	17.20	181
1974	90 859	15 595	17.16	181
1975	92 420	16 030	17.34	184
1976	93 717	16 341	17.44	187

续表

年份	全国总人口（万人）	城镇人口（万人）	城市化率（%）	城市数量（座）
1977	94 974	16 669	17.55	189
1978	96 259	17 245	17.92	191

资料来源：《新中国五十年统计资料汇编》，中国统计出版社，1999 年。

2. 城镇化不稳定发展阶段（1958—1965 年）

1958—1965 年，中国经济发展经历了“大跃进”运动、严重自然灾害和调整整顿的曲折发展过程，城镇化呈现出急剧增长之后被迫调整的大起大落状态。在这一时期的前半段，即 1958—1960 年，城镇数量和城市化率迅速提高。1960 年的城市数量、城市人口和城市化率都达到整个阶段的最高水平。其中城市数量由 1957 年的 176 座增加到 208 座，城市人口由 1957 年的 9 949 万人增加到 13 073万人，城市化率也相应地由 1957 年的 15.39%提高到 19.75%，提高了 4.36 个百分点，年均提高 1.44 个百分点，成为城市化率提升最快的阶段之一。但是，在这一时期，严格的城乡二元制度开始形成，城市化政策逐渐改变。例如，1958 年实行严格的户籍管理制度，农村向城市的人口流动被严格限制，采取了撤销国家建委和城市建设部的措施，1959 年又提出“先生产后生活”的方针。这一时期，工业尤其是重工业优先的经济发展战略和高度集中的计划体制，决定中国开始走上了一条限制城市化发展的道路。工业建设成为城市发展的重中之重，城市居民住宅与公共设施基本停建，城市由消费城市向生产城市转变。一部分新设置的市恢复到县级建制，如榆次、侯马、岳阳等；另一部分地级市实行降级，成为县级市，如石家庄、保定等。在这一阶段的后半段，即 1961—1965 年，由于严重的自然灾害、城乡经济的衰退和调整方针的实施，城镇数量和城市化率急剧下降。1961—1962 年期间精简、下放 260 万城市人口到农村。从 1962 年开始，又陆续撤销了一大批城市，城市数量由 1960 年的 208 座减少到 1965 年的 171 座。城市人口虽然由 1958 年的10 721万人增加到 1965 年的13 045万人，增加了 2 324 万人，但由于人口总量增长得更多，达 4 803万人，使得城市化率由 1960 年的 19.75%下降到 17.98%，下降了近两个百分点（见表 1）。总体来看，这一时期的城镇化处于不稳定发展阶段，城市数量呈减少的状态，城市人口和城市化率只有缓慢提高。

3. 城镇化停滞阶段（1966—1978 年）

1966—1978 年，文化大革命时期，是城镇化发展的低迷徘徊时期。在这一时期，政治运动成为社会活动的重心，工农业生产停滞不前，经济发展严重受损，城市化也深受其害。1968 年开始的知识青年和城市职工、干部上山下乡使大批城市人口下放到农村。据不完全统计，“文革”期间动员到农村插队落户的知识青年约 2 000 万人，连同下放的城镇干部、职工及家属，共约3 000 万人。在这一时期（如表 1 所示），1978 年中国城市数量为 191 座，比 1966 年的 175 座只增加 16 座，增长 9.14%，平均每年增长 0.73%，城市化水平在 17.5%上下徘徊。在这一阶段，城市人口从 13 313 万人增加到 17 245 万人，仅仅增加了 3 932 万人，增长 29.54%，平均每年增长 2.18%；1978 年城市化率为 17.92%，比 1966 年的 17.86%仅增长 0.06%。其中，1966—1972 年，城市数量略有增加，达到 181 座，而城市化水平则呈逐年下降趋势，从 17.86%下降到 17.13%，下降 0.73 个百分点；1973—1978 年是缓慢回升时期，在这段时间里，城市增加了 10 座，但建制镇从 1965 年的 3 146 座减少为 1978 年的 2 850 座，城市人口仅增加了约2 000 万，城市化水平每年回升约 0.13 个百分点，1978 年达到了 17.92%，基本上恢复到 1966 年的水平。

（二）改革开放以来城镇化的发展阶段

中国的改革开放主要经历了以农村改革为主的阶段、以城市体制改革为主的阶段和市场经济体制的明确、深化和完善阶段。随着改革开放和工业化进程的加速，中国城镇化步入逐渐加快发展的阶段，并且开始探讨中国特色的城镇化道路。在这一阶段，改革开放是城镇化的重要推动力。

1. 城镇化恢复发展阶段（1979—1984 年）

这一阶段主要是农村体制改革和农村工业化推动的城镇化阶段。1978 年 12 月党的十一届三中全会拉开了农村经济体制改革的序幕。农村家庭联产承包责任制的普遍推行，农业劳动生产率大幅提高，加之政府大幅度提高农副产品的收购价格，使中国农业出现了持续 6 年的高速增长，农民的收入也迅速增加。在此基础上，农村的非农业产业即乡镇企业异军突起，中国农村掀起了有史以来的第一个工业化浪潮。旧的二元发展格局（即城市搞工业、农村搞农业）被打破，并由新的二元格局（即城市工业化与农村工业化并重）所取代。农村城镇化由此正式起步，新兴的小城镇开始迅速发展起来。这一阶段国家实行劳动密集型消费品工业优先发展的政策，使工业吸纳劳动力的能量大为增加，导致了农业劳动力份额迅速下降。而对外开放的梯度战略与创办沿海经济特区决策的正式实施，又在东南、华南沿海地区引发了城镇化迅速扩展的浪潮。总体来看，在这一时期内，在农业大发展、乡镇企业异军突起和城市建设等多种因素的作用下，城镇化取得了长足的发展。城市个数由 191 个增加到 300 个，建制镇数由 2 173 个增加到 7 186 个，城镇人口由 17 245 万人增加到 24 017 万人，年均增长 5.67%，快于同时期全国总人口 1.36%的年均增长率，城镇化水平由 17.92%上升到 23.01%，年均提高 0.85 个百分点，快于改革开放之前的任何一个时期。

2. 城镇化稳步发展阶段（1985—1991 年）

这一阶段是城市体制改革和制造业快速发展推动的城镇化阶段。1984 年 10 月党的十二届三中全会通过的《中共中央关于经济体制改革的决定》标志着中国进入了以城市为重点的经济体制改革阶段。在这一时期，中国政府开始采取严格地控制大城市扩张和鼓励小城市成长，以及发展农村集镇的新政策，其目的在于吸收农村剩余劳动力，以防止大城市过分膨胀引起的诸多问题，并重新恢复伴随着城镇化和工业化过程的城市与城市周边农村之间原被切断的经济和社会纽带。此间，中国涌现出数千个小城镇，在提高农村城镇化水平、增加农民非农产业收入、缩小城乡差别及吸收农村剩余劳动力等方面，发挥了重大作用。与此同时，中国政府在开辟了四个经济特区后，又做出了把沿海 14 个城市作为开放城市及全面开放海南等新决策，极大地推进了沿海地区的城镇化进程。广州、深圳、珠海、厦门等沿海开放城市，成为中国经济发展的龙头。这一阶段的“广东奇迹”，产生了强大的示范和推动效应[①]。这一阶段，中国农民在创造了“离土不离乡、进厂不进城”的农村工业化模式之后，又形

① 威廉·奥弗霍尔特：《中国的崛起》，北京：中央编译出版社，1996 年，第 122—173 页。

成了“离土又离乡、进厂又进城”① 的小城镇化模式。但是 1992 年以前，农民进大、中城市务工经商还存在着很多的限制和障碍。因此，这一阶段的城镇化只是延续了上一阶段的发展惯性，并未进入快速发展阶段。1984—1991 年，新建城市占主导地位，城市个数由 300 座增加到 476 座，建制镇由 9 140 个增加到 12 455 个，市镇人口由 24 017 万人增加到 31 203 万人，城镇化水平由 23.01%上升到 26.94%，年均提高 0.56 个百分点，稍低于前一阶段（见表 2）。

表 2 改革开放以来中国城市化发展的基本情况

年份	全国总人口（万人）	城镇人口（万人）	城市化率（%）	城市数量（座）
1979	98 542	19 495	18.96	203
1980	98 705	19 140	19.39	223
1981	100 072	20 171	20.16	233
1982	101 654	21 480	21.13	224
1983	103 008	22 274	21.62	289
1984	104 357	24 017	23.01	300
1985	105 851	25 094	23.71	324
1986	107 474	26 333	24.52	353
1987	109 300	27 674	25.32	381
1988	111 026	28 661	25.81	434
1989	112 704	29 540	26.21	450
1990	114 333	30 191	26.41	467
1991	115 823	31 203	26.94	479
1992	117 171	32 175	27.46	517
1993	118 517	33 173	27.99	570
1994	119 850	34 169	28.51	622
1995	121 121	35 174	29.04	640
1996	122 389	37 304	30.48	666
1997	123 626	39 449	31.94	668
1998	124 842	41 608	33.35	671
1999	125 909	43 748	34.78	663
2000	126 583	45 906	36.22	663
2001	127 627	48 064	37.66	662
2002	128 453	50 212	39.09	660

① “离土不离乡、进厂不进城”的意思是农民洗脚上田、进厂做工了，实现了非农化，但还在农村，身份还是农民，是一种只要工业化不要城市化的农村工业化模式。“离土又离乡、进厂又进城”则有两种含义：一是农民进城进厂，实现非农化，但没有实现市民化，成为“农民工”；二是农民既实现非农化，又实现市民化，不再是“农民工”。

续表

年份	全国总人口（万人）	城镇人口（万人）	城市化率（%）	城市数量（座）
2003	129 227	52 376	40.53	660
2004	129 988	54 283	41.76	661
2005	130 756	56 212	42.99	661
2006	131 448	57 706	43.90	656
2007	132 129	59 379	44.94	655
2008	132 802	62 403	46.99	655
2009	133 450	64 512	48.34	654
2010	134 091	66 978	49.95	658
2011	134 735	69 079	51.27	657
2012	135 404	71 182	52.57	657
2013	136 072	73 111	53.73	658
2014	136 782	74 916	54.77	653
2015	137 462	77 116	56.10	653

资料来源：《中国统计年鉴》（历年）。

3. 城镇化加快发展阶段（1992 年至今）

这一阶段是建立社会主义市场经济体制的改革推动城镇化阶段。以 1992 年春天邓小平“南巡讲话”和当年 10 月党的十四大召开为标志，我国进入了全面建立社会主义市场经济体制时期。随着社会主义市场经济改革取向的明确、展开和日益深化以及对外开放的全方位、多层次、宽领域的推进和提升，新一轮的工业化、城镇化进程在中国全面展开。乡镇企业迅速增加到几千万家，遍及全国各地。其产值、出口创汇值及其所吸纳的农村剩余劳动力，都已在国民经济发展中形成“三分天下有其一”的格局。随着乡镇企业资本与技术对劳动力替代水平迅速提高，乡镇企业吸纳农村劳动力的能量有所下降，脱离农业的劳动力开始自发地涌向城市，特别是沿海城市。随后，政府因势利导，一方面逐步改革羁绊农民进城打工的户籍制度和各项歧视性政策，另一方面输出地和输入地政府间开始自觉地加强农民进城打工的引导、组织、服务和培训。在农民自发流动和政府自觉配合下，中国出现了规模庞大的“民工潮”，“离土又离乡、进厂又进城”的农村剩余劳动力转移方式得到了政府的认可和支持，农民进城务工已经几乎没有政策性的限制。到 2004 年，全国已有 1.2 亿人实现了非农化但多数没有成为市民的农民工。农民工进城成为推进中国城镇化的重要力量。中国人口迁移和流动速度的加快及其规模的日趋扩大，使中国城镇化水平大大提高。与1991年相比，2007年，城市个数由479座增加到655座，建制镇由12 455个增加到19 249个，城镇人口由30 543万人增加到59 379万人，城镇化水平由26.94%上升到44.94%，年均提高1.1个百分点，大大高于前两个阶段（见表2）。虽然其中存在2000年统计口径的变化的因素，但不可否认的是，1992年以来，尤其是1996年以来，中国城镇化已经进入加快发展阶段，并且开始探索中国特色的城镇化道路。

二、我国城镇化的发展现状

中国城镇化水平是高还是低，速度是快还是慢，是滞后还是超前，中国目前处于城镇化发展的什么阶段，城镇的数量、规模结构和空间布局是合理还是不合理，是健康城镇化还是病态城镇化，中国城镇化应该是小城镇化、大城市化还是大中小城镇并举的城镇化，对这些问题的看法，一直存在意见分歧甚至激烈争论。只有正确认识和回答这些问题、合理分析和判断中国城镇化的现状，才能更好地促进城镇化健康发展。

（一）中国城镇化的速度和水平

1996年以来，中国城镇化开始加速发展。1995年，中国城镇化率为29.04%，1996年达到30.48%，比1995年提高了1.44个百分点，到2007年城镇化率达到44.94%，城镇化率年均提高了1.25个百分点。其中，“九五”和“十五”期间，年均城镇化率分别为1.43和1.35，远远高于“六五”至“八五”期间的城镇化率（见表3）。

表3 不同时期的城镇化水平比较（%）

	“六五”（1981—1985年）	“七五”（1986—1990年）	“八五”（1991—1995年）	“九五”（1996—2000年）	“十五”（2001—2005年）	“十一五”（2006—2010年）	“十二五”（2011—2015年）
期初城镇化率	19.39	23.71	26.41	29.04	36.22	44.34	51.27
期末城镇化率	23.71	26.41	29.04	36.22	42.99	49.95	56.10
年均城镇化率	0.86	0.54	0.53	1.43	1.35	1.39	1.23

资料来源：《中国统计年鉴》（历年）。

城镇化速度到底是快了还是慢了，是应该适当控制城镇化的速度，还是应该加快城镇化的速度，理论界存在着太快和缓慢两种观点[①]。

一种观点认为中国城市化速度过快，应当适当控制。如周一星认为，城市化水平一年提高0.6～0.8个百分点比较正常，超过0.8个百分点就是高速度的，个别年份达到1个百分点是有可能的，但是连续多年超过1个百分点是有风险的，0.6～0.8个百分点的城市化速度也已经远远超过世界目前的平均速度[②]。陆大道等认为，目前中国城镇化进程正处于一个“大跃进”和空间扩展失控状态：城镇化速度虚高，特别是“土地城镇化”速度太快；经济发展、产业结构水平及就业岗位增加不能适应如此冒进式的城镇化；对资源、环境带来了巨大压力乃至破坏[③]。

另一种观点则认为中国城市化发展缓慢且滞后，应当加快城市化进程。如蔡昉提出，加快城市化步伐是扩大需求的长期战略，不仅可以解决现有产品结构与消费结构不相匹配的矛盾，还可以使居民的消费模式发生转变，从而增加个体消费水平[④]。杜鹰认为，我国正处在现代化建设的关键时期，实施城镇化战略是稳定农业基础和增加农民收入的迫切需要，加快城镇化进程是对国民经济结构进行战略性调整的内在要求[⑤]。蔡继明等认为，解决“三农”问题、缩小城乡差别的根本途径不是建设新农村，而是加快城市化进程，也就是把农业人口越来越多地转移到非农业部门，把农村人口越来越多地转变成城市人口[⑥]。

实际上，判断城镇化速度是快还是慢，可以从不同的角度、采用不同的方法。既可以看城镇化与工业化和经济发展的相互关系、城市化水平的变动、城

---

① 简新华、黄锟：《中国城镇化水平和速度的实证分析和前景预测》，《经济研究》2010年第3期，第28—39页。

② 周一星：《城镇化速度不是越快越好》，《科学决策》2005年第8期，第30—33页。

③ 陆大道等：《中国城镇化发展模式：如何走向科学发展之路》，《苏州大学学报》（哲学社会科学版）2007年第3期，第1—7页。

④ 蔡昉：《加快城市化，培养新的消费群体》，《领导决策信息》2000年第43期，第17页。

⑤ 杜鹰：《我国的城镇化战略及相关政策研究》，《中国农村经济》2001年第9期，第4—9页。

⑥ 蔡继明等：《解决“三农”问题的根本途径是加快城市化进程》，《经济纵横》2007年第7期，第2—5页。

市发展的状况、城乡关系、“城市病”和“农村病”发生的情况，又可以进行国际比较，考察同类国家或不同国家同样发展阶段的城镇化情况。譬如，发达国家在工业化和城镇化过程中，虽然总体上持续的时间可能较长，但都有过城镇化较快推进时期，而且这个时期也是工业化较快推进时期。特别是德国和日本，最为突出。从1871—1910年，德国城市化率从36.1%增长到60%。其中，1890—1900年，城市化率由42.5%提高到54.4%，10年增加11.9%，每年平均上升近1.2个百分点。[①] 日本城市化率更由1950年的37.5%猛增到1955年的56.33%，城市化率5年上升18.83%，平均每年提高3.766个百分点。而且，从较长时期来看，日本城市化进程也特别快，日本城市化水平从1950年的37.5%上升到1980年的76.19%，30年提高38.69%，平均每年增长近1.3个百分点[②]，比中国改革开放30年城镇化率由1978年的17.92%提高到2008年的45.7%，还快10.91个百分点，年均增长也高0.36个百分点。可见，对比德国和日本城市化曾经出现过的高速度，中国这个速度并不是独有的，也不是最高的，更不能认定为不合理，其根本原因也在于改革开放以来中国工业化进程的加速。所以，目前中国城镇化的速度是基本合适的，而且中国至少在未来的10多年的时间内，仍将保持较快发展的趋势，这也是符合城镇化加速阶段的客观规律。

对于中国目前的城镇化水平，理论界也存在很大分歧[③]。主流的观点认为，中国的城镇化严重滞后。他们的分析主要集中在工业化和城市化的比较，中国同国际经验的比较，以及政府人为限制城市发展的制度和政策[④]。第二种意见觉得前者夸大了中国城镇化滞后的程度，认为中国的城镇化大体合适，只

---

① 科佩尔·S. 平森：《德国近现代史》，北京：商务印书馆，1987年，第303页；United Nations, World Urbanization Prospects：The 2005 Revision；World Bank，World Development Indicators 2007.

② 《日本历史统计》(1886—2002)，http：www. stat. go. jp/english/data/chouki/index. htm；《日本统计年鉴》，日本统计协会每日新闻社，2008年。

③ 白南生：《关于中国的城市化》，《中国城市经济》2003年第10期，第7—13页。

④ 夏小林、王小鲁：《中国的城市化进程分析——兼评“城市化”方针》，《改革》2000年第2期，第21—26页；国家计委宏观经济研究院课题组：《关于“十五”时期实施城市化战略的几个问题》，《宏观经济管理》2000年第4期，第4—7页、第18页；朱铁臻：《城市化是新世纪中国经济高增长的强大动力》，《经济界》2000年第1期，第32—36页；孙永正：《城市化滞后的八大弊端》，《城市问题》1999年第6期，第2—4页、第8页。

是略微滞后。他们的理由是参与城市经济活动的近郊农民和进城务工经商的外地农民没有算在城市人口中，所以中国真实的城镇化水平要比统计数据高①。还有第三种意见认为中国不是城市化滞后，而是隐性超城市化。第一种意见认为工业产值中的很大部分是乡镇企业和进城打工的农民工创造的，应当把这些农民及其供养的家庭人口也计算为城市人口才比较合理。据计算，在乡镇企业就业的劳动力加上外出打工超过 6 个月的劳动力有 2.15 亿人，加上供养人口为 3.76 亿人，占全国人口的 30.4%，他们是隐性城市人口，即中国的真实城市化率已达 60%以上，同国际水平相比已经是超城市化了②。

第二种意见可能对统计数据有误解。如果是年度数据，虽然有可能漏记虽无户口但已常住城市的农村人口，从而有缩小城镇人口的倾向，但也应该看到，这一数据将城市郊区（不算县）的农村人口计入“城镇总人口”，从而也存在扩大城镇人口的倾向。这两部分人相抵后，差额就没有那么大了。如果是人口普查数据，则城镇人口中已包括居住城市半年以上的农村务工经商者。

第三种意见对统计数据有更大的误解。且不说乡镇企业员工中的相当大部分，就是外出打工者也不应重复计算，更重要的是这种观点把乡镇企业员工及其居住在村庄的家属等同于城镇人口，不仅将就业的非农化等同于人口向城市的集聚，也大大扩大了城镇人口的范围，夸大了城镇化水平。

判断城市化率是高还是低、是超前还是滞后，可以从不同的角度、采用不同的方法。既可以看城市化与工业化和经济发展的相互关系，又可以进行国际比较，考察同类国家或不同国家同样发展阶段的城市化情况。从总体上看，中国城镇化水平仍然是滞后的。这种滞后不仅仅表现为滞后于国内经济发展水平、滞后于工业化或非农化进程，也表现为滞后于国外同等发展水平国家或同样发展阶段的城市化水平③。因此，中国需要继续提高城镇化水平。

---

① 国家计委宏观经济研究院课题组：《关于“十五”时期实施城市化战略的几个问题》，《宏观经济管理》2000 年第 4 期，第 4—7 页、第 18 页。

② 邓宇鹏：《中国的隐性超城市化》，《当代财经》1999 年第 6 期，第 20—23 页。

③ 简新华、黄锟：《中国城镇化水平和速度的实证分析和前景预测》，《经济研究》2010 年第 3 期，第 28—39 页。

（二）中国城镇化的城镇规模结构

城镇规模的大小受到自然条件、人口、经济、社会、技术等多种因素的制约，由于这些因素极为复杂，所以一个大国的城镇体系的构成情况也会比较复杂，不可能主要是特大城市，也不可能主要是小城镇。城镇规模结构（即大中小城市和小城镇的构成）是否合理，最重要的是要看城市规模及其构成所带来的经济效益。城市可以产生集聚效益和规模效益，并且随着城市规模的扩大而上升，但城市规模并不是越大越好。在城市经济学文献中，有不少理论论证了最优城市规模的存在①。美国布朗大学的两位经济学家发现，城市的净集聚效应首先随着城市规模扩大而急剧上升，在达到峰值之后缓慢下降，因此与城市规模之间的关系呈“倒U型”变化，而城市最大集聚效应的峰值大致处在250万～380万人规模之间②。王小鲁和夏小林也发现规模在100万～400万人的大城市，净集聚效应最高，超过这个规模区间，净集聚效应逐渐递减，而规模小于10万人的城市，则无法发现净规模收益③。城市规模过大，不仅降低集聚经济效应，而且会产生愈益严重的“城市病”。

改革开放以来，中国各种规模等级的城市都有所发展，大城市数目增多，长江三角洲、珠江三角洲、京津冀等地区甚至出现了城市群、带、网。城市总数从1978年的193座增加到2010年的658座，增长了3.4倍。其中，1 000万人以上的特大城市增加到6座，500万～1 000万的在城市从2座增加到10座，300万～500万人的城市从2座增加到21座，100万～300万人的城市从25座增加到103座，50万～100万人的城市从35座增加到138座，50万人以下的城市从129座增加到380座，而建制镇则从2 173个增加到19 410个（见表4）。

---

① 斯特拉斯蔡姆：《城市住宅区位理论》，载于米尔斯主编《城市经济学》（区域和城市经济学手册第2卷）中文版，北京：经济科学出版社，2001年，第25—26页；托利、克瑞菲尔德：《城市规模与位置的政策问题》，载于米尔斯主编《城市经济学》（区域和城市经济学手册第2卷）中文版，北京：经济科学出版社，2001年，第486—488页。

② Au, C. and V. Henderson. “Are Chinese Cities too Small?” [J]. Review of Economic Studies, 2006, 73 (2): 549-576.

③ 王小鲁、夏小林：《优化城市规模，推动经济增长》，《经济研究》1999年第9期。

表 4 城市（镇）数量和规模变化情况（个）

	1978 年	2010 年
城市	193	658
1 000 万以上人口城市	0	6
500 万～1 000 万人口城市	2	10
300 万～500 万人口城市	2	21
100 万～300 万人口城市	25	103
50 万～100 万人口城市	35	138
50 万以下人口城市	129	380
建制镇	2 173	19 410

资料来源：2012 年数据，根据第六次全国人口普查数据整理。

但是，改革开放以来，我国以建制计算的城市数并没有同步增长。以地级市为例，1996 年城镇化启动之时，有 218 个，到 2010 年增加到 282 个，此后基本上就很少增加，多年稳定在 283 个。在县级市层面，县改市在经历了八九十年代初的野蛮生长后，于 1996 年被紧急叫停，此后一直严格控制。2010 年，我国县级市共 376 个，此后一直没有增加。在镇这一级，一些东南沿海的镇早已聚集了数十万的非农人口和非农产业，但在行政建制上仍然是“镇”，严重影响了本地的公共服务与社会管理，造成了许多问题（如图 1 所示）。

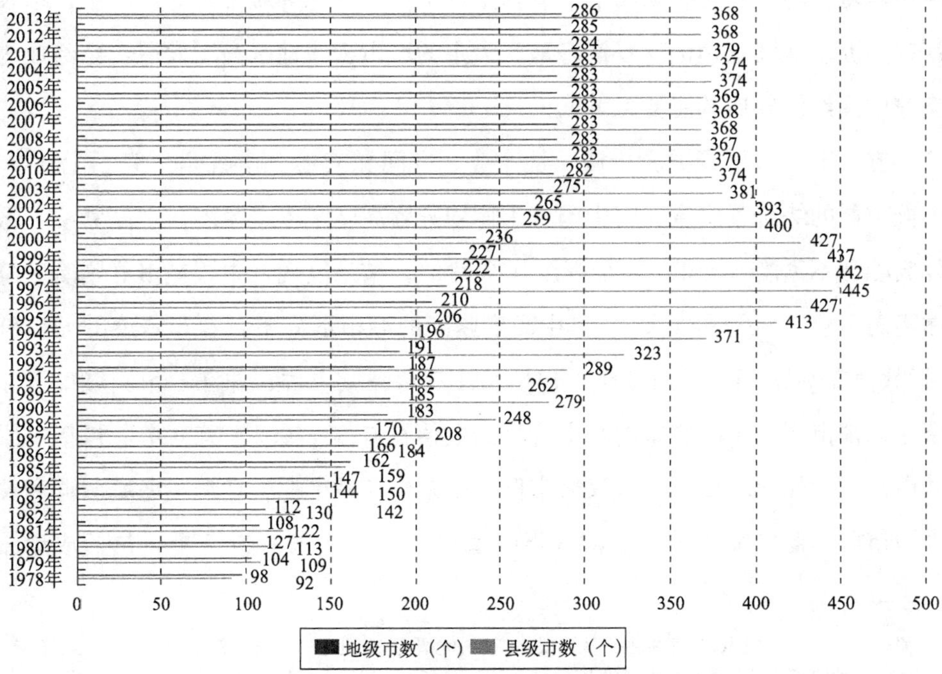

图 1 地级市和县级市数量增长示意图（1978—2013 年）

（三）中国城镇化的城镇空间分布

经过60多年的发展，中国城镇的空间分布呈现出网络型和据点型相结合、分散型和集中型相结合、松散型和紧凑型相结合的特征。目前，中国的城镇主要集中分布在长江三角洲、珠江三角洲、环渤海等23个城市密集地区和都市区，城市密集地区的出现和都市区的形成与快速发展，即城市群的形成，是城镇化速度、水平的提升和城镇数量、规模的增长在空间上的突出表现。因此，中国城市群的空间结构集中体现了中国城镇化的城镇空间分布特征，是当前中国城镇空间分布的主要形式。

当前，中国的城市群主要包括23个城市密集地区和都市区，它们分别是长江三角洲城市群、珠江三角洲城市群、京津冀都市圈、中原城市群、长株潭城市群、武汉城市群、山东半岛城市群、辽东半岛城市群、关中城市群、皖中城市群、闽南金三角城市群、济宁城市群、晋中城市群、成渝城市群、银川平原城市群、南北钦防城市群、黔中城市群、赣北鄱阳湖城市群、滇中城市群、兰白西城市群、哈大长城市群、酒嘉玉城市群、呼包鄂城市群等。其中，以长江三角洲、珠江三角洲、环渤海地区为主的城市密集地区高度发展，已经成为支撑中国经济发展的主要区域①。

方创琳等采用聚类分析法，从产业、空间和交通三个视角研究了上述23个城市群的综合紧凑度，将中国城市群划分为高度紧凑、紧凑、中度紧凑、低度紧凑和不紧凑（分散）5个等级（见表5），结果发现，中国城市群紧凑度总体不高，且空间差异性大②。其中高度紧凑的城市群尚不存在，紧凑的城市群（指数值在0.5～1.0）有3个，包括长江三角洲城市群、珠江三角洲城市群和京津冀都市圈；中度紧凑的城市群（指数值在0.35～0.5）有6个，包括中原城市群、长株潭城市群、武汉城市群、山东半岛城市群、辽东半岛城市群和关中城市群；低度紧凑的城市群（指数值在0.15～0.35）有7个，包括成渝城

① 罗震东：《中国都市区发展：从分权化到多中心治理》，北京：中国建筑工业出版社，2006年。

② 方创琳等：《中国城市群紧凑度的综合测度分析》，《地理学报》2008年第10期，第1011—1021页。

市群、皖中城市群、闽南金三角城市群、济宁城市群、晋中城市群、银川平原城市群和南北钦防城市群；不紧凑的分散城市群（指数值在 0～0.15）有 7 个，包括黔中城市群、赣北鄱阳湖城市群、滇中城市群、兰白西城市群、哈大长城市群、酒嘉玉城市群和呼包鄂城市群。由此可见，总体而言，中国城市群综合紧凑度呈现出由东向西、由南向北逐渐降低的分化态势。

表 5　中国城市群综合紧凑度 Uc 的聚类分级表

紧凑等级	Uc	城市群名称	个数
高度紧凑	Uc≥1.00	无	0
紧凑	0.50≤Uc≤1.00	长江三角洲城市群、珠江三角洲城市群、京津冀都市圈	3
中度紧凑	0.35≤Uc≤0.50	中原城市群、长株潭城市群、武汉城市群、山东半岛城市群、辽东半岛城市群、关中城市群	6
低度紧凑	0.15≤Uc≤0.35	成渝城市群、皖中城市群、闽南金三角城市群、济宁城市群、晋中城市群、银川平原城市群、南北钦防城市群	7
不紧凑	0≤Uc≤0.15	黔中城市群、赣北鄱阳湖城市群、滇中城市群、兰白西城市群、哈大长城市群、酒嘉玉城市群、呼包鄂城市群	7

资料来源：方创琳等：《中国城市紧凑度的综合测度分析》，《地理学报》2008 年第 10 期。

（四）中国城镇化的地区差异

从三大地区①看（见表 6），2011 年东部地区城镇化水平为 61.07%，中部为 46.99%，西部为 42.99%，东部比中部高 14.08 个百分点，比西部高 18.08 个百分点，中部比西部高 4 个百分点，城镇化水平的发展明显表现出梯度状态。与 2007 年相比，东部与中西部的城镇化水平之间差距进一步扩大，但中西部之间的差距呈现缩小趋势。

表 6　三大地区城镇化率差异（%）

年份	全国	东部地区	中部地区	西部地区	东中差距	东西差距
2011	51.27	61.07	46.99	42.99	14.08	18.08
2007	44.94	53.74	42.10	35.99	11.64	17.75

资料来源：根据《中国统计年鉴》（2012、2008）计算得到。

---

① 东部地区包括北京、天津、河北、辽宁、上海、江苏、浙江、福建、山东、广东、海南 11 个省（市）；中部地区包括山西、吉林、黑龙江、安徽、江西、河南、湖北、湖南 8 个省；西部地区包括内蒙古、广西、重庆、四川、贵州、云南、西藏、陕西、甘肃、青海、宁夏、新疆 12 个省（市、自治区）。

从各省份看，按照2011年城镇化率的高低（见表7），可以把我国31个省级行政区划分为五类地区：（1）城镇化水平在80%以上者，包括北京、上海和天津3个直辖市；（2）城镇化水平在60%～80%者，包括广东、辽宁、浙江、江苏4个省份；（3）城镇化水平在50%～60%者，包括黑龙江、吉林、内蒙古、福建、重庆、湖北、山东、海南8个省（市、自治区）；（4）城镇化水平在40%～50%者，包括宁夏、山西、陕西、青海、江西、河北、湖南、安徽、新疆、四川、广西、河南12个省（自治区）；（5）城镇化水平小于40%者，包括甘肃、云南、贵州、西藏4个省（自治区）。除西藏以外，城市化水平最高的上海与最低的贵州之间相差54个百分点。

表7 2011年各省份城镇化水平

省份	城镇化率（%）	名次	省份	城镇化率（%）	名次	省份	城镇化率（%）	名次
上海	89.30	1	吉林	53.40	12	安徽	44.80	23
北京	86.20	2	湖北	51.83	13	新疆	43.54	24
天津	80.50	3	山东	50.95	14	四川	41.83	25
广东	66.50	4	海南	50.50	15	广西	41.80	26
辽宁	64.05	5	宁夏	49.82	16	河南	40.57	27
浙江	62.30	6	山西	49.68	17	甘肃	37.15	28
江苏	61.90	7	陕西	47.30	18	云南	36.80	29
福建	58.10	8	青海	46.22	19	贵州	34.96	30
内蒙古	56.62	9	江西	45.70	20	西藏	22.71	31
黑龙江	56.50	10	河北	45.60	21			
重庆	55.02	11	湖南	45.10	22			

资料来源：《中国统计年鉴》，中国统计出版社2012年版。

（五）中国城镇化的二元性

从世界城市化的发展史来看，城市化原本就是在二元经济结构下发端和发展的。二元经济结构的存在不仅产生了城镇化的必要性（消除不平衡），而且形成了农村劳动力向城镇转移和城镇化的可能（如果没有农村和城镇，就不会存在所谓的城镇化问题）、动力（城乡收入差距、推力和拉力）和任务（转移农业剩余劳动力）。然而，中国特殊的二元经济社会结构和相应的制度安排增加了中国城镇化的复杂性和艰巨性。城乡双重所有制体制、双重公民身份体制、双重交换体制、双重分配体制分别造成了在价值规律支配下的劳动力流动机制、城乡劳动力及其供养人口双向对流机制、等价交换机制、收入差引力机制等城市化过程的基本的运行机制的失灵或扭曲①。

当然，随着改革开放的深化和经济增长方式的转变，中国城乡体制的二元性特征也出现了一些显著的变化。第一，农村工业和小城镇的快速发展，形成了城市工业化与农村工业化，整体城市化与农村城镇化齐头并进的局面，展现着中国城镇化的鲜明特征。第二，城乡二元制度正在逐步朝向城乡一元化改革，其中限制人口流动的制度基本消除，农民基本上可以自由进城务工经商，农民工与市民的差距正在逐步缩小，城镇化进入加速发展阶段。第三，中小城市迅速发展，城市的功能逐步健全，服务性产业迅速发展。城乡之间的联系日趋紧密，城市现代化的辐射功能增强，城乡共同发展的格局正在形成。第四，随着对外开放和外向型经济的发展，城市的发展也趋于开放化。对外开放已形成了由沿海到内地渐次推进的全方位、多层次的城市开放格局，使城镇化的发展逐步具有了世界性，从中正在开始产生着一批国际化的都市。

三、我国城镇化面临的主要问题

(一) 中国城镇化进入快速发展和“城市病”发作的叠加期

1996 年以来，中国城镇化明显进入了快速发展的周期。中国城镇化开始以较快的速度发展。1996—2012 年的 17 年间，中国城镇人口比重由 1995 年的 29.04%提高到 2012 年的 52.57%，提高了 23.53 个百分点，每年提升 1.38 个百分点，比改革开放的前 16 年（1979—1995 年）的年均值高出 0.85 个百分点。

按照美国城市地理学家诺瑟姆（Ray M. Northam）揭示的城市化发展三发展阶段论②，我国在 30%～70%都将处于城镇化加速阶段，这是城镇化发展

① 高佩义：《中国城市化的特点和趋势》，《中国农村观察》1991 年第 2 期，第 10—19 页。

② Ray M. Northam. Urban Geography [M] . New York：John Wiley & Sons，1975.

的规律。同时，根据城市病发展的四阶段论①，城市化率在 10%～30%是"城市病"的隐性阶段，城镇化基本上是健康的；城市化率在 30%～50%是"城市病"的显性阶段，城镇化是亚健康的；城市化率在 50%～70%是"城市病"的发作阶段，城镇化是不健康的；城市化率达到 70%以上，则进入"城市病"的康复阶段，城镇化逐步恢复健康状态。拉美一些国家早在"中等收入陷阱"出现之前，已落入"人口城市化陷阱"，即人口城市化率达到 50%以后，农村人口加速向城市特别是超大城市转移，形成畸形发展的城镇化。

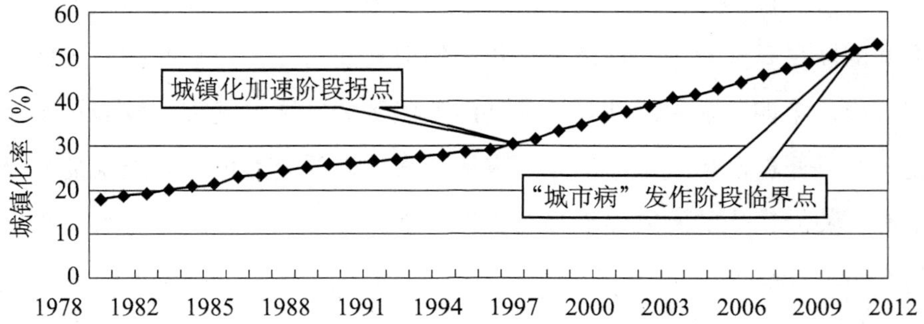

图 2　中国城镇化进入快速发展和"城市病"发作的叠加期示意图

资料来源：《中国统计年鉴》(2013)。

2011 年，中国城镇化率达到了 51.27%，应该说进入了城镇化快速发展阶段和"城市病"发作阶段的叠加期。从中国城镇化过程的特征看，在中国城镇化刚刚进入快速发展和城市病发作阶段的叠加期，虽然还没有出现诸如拉美和印度那样严重的"城市病"，但也存在诸如"半城镇化""隐性城镇化""被城镇化""准城镇化""过度城镇化"（或城镇化"大跃进"）"贵族化"和一定程度上的"病态城镇化"等现象和问题，而且各种问题和矛盾日渐积聚、突出和显性化。此外，由于缺乏有效措施和调控机制，在城镇化宏观整体布局上，还存在着大城市过度集聚、小城镇发展无序，地区发展失衡、城市之间的关系不协调等问题。这些问题如果不未雨绸缪、及早诊治，势必演化为日益严重和难以治疗的"城市病"，甚至陷于"拉美陷阱"，严重影响中国城镇化的健康发

① 周家来：《"城市病"的界定、规律与防治》，《中国城市经济》2004 年第 2 期，第 30—33 页。

展。因此，在城镇化进入快速发展周期和“城市病”显性化和发作阶段的叠加期，城镇化更需积极稳妥地推进，更需着力提高城镇化质量，这是城镇化的生命力之所在。

（二）叠加期中国城镇化面临的主要问题

目前，我国城镇化刚刚进入“城市病”发作期，虽然还没有像印度、巴西、墨西哥等国那样出现大面积的“贫民窟”和特别严重的“城市病”“农村病”，但是，中国城镇化也存在以下十个方面的主要问题，这些问题将成为中国城镇化健康发展需要应对的主要挑战。

1.“半城镇化”现象突出，农民工问题亟待解决

人口非农化和城镇化主要就是农民非农化和城镇化。完全意义上的城镇化应该是农民在城镇就业并且同时成为市民。所谓“半城镇化”是指农民已经进城务工经商，实现了非农化，但是身份还是农民，没有实现市民化，还不是市民，还不能享有与城镇居民同等的权利和福利保障待遇。这就是中国农民工现在的状态，表明农民城镇化滞后于农民非农化，即人口城镇化滞后于人口非农化，使得农民工问题特别突出，农民工难以摆脱弱势群体和边缘化的地位。也有学者把这种情况称为“伪城镇化”、虚假的城镇化，认为农民工并没有真正实现城镇化，把农民工算作城镇人口是虚增城镇人口和城镇化率。中国 2012 年 52.6％的城镇化率是不完全的、有“水分”的，其中包含有部分“半城镇化”的人口。2012 年农民工总量达到 2.6261 亿人、其中外出农民工1.633 6亿人，如果完全扣除这 1 亿多进城务工的农民工，只计算城镇户籍人口，中国现在的城镇化率不到 40％。

2. 城镇化滞后于工业化和经济发展，城镇化仍需积极稳妥推进

工业化是城镇化的发动机，城镇化是工业化的促进器，二者必须协调发展、同步推进。发达工业化国家的非农化率（即在二、三产业产值和就业人员的比重）高达 90％以上，城市化率 80％左右，城镇化与工业化大体上是同步的。2011 年，中国按照国内生产总值比重计算的工业化率是 46.8％、非农化率是 89.9％，按照就业人员比重计算的工业化率是 29.5％、非农化率是

65.2%；按照包括进城农民工在内计算的城镇化率是51.27%，按照城镇户籍人口计算的城镇化率只有不到40%。由此可见，中国现在的城镇化水平总体上仍然落后于工业化和非农化水平，依然需要积极稳妥推进城镇化。

3. 城镇化和农业现代化不同步，城乡发展亟须统筹

农业机械化程度、农业劳动力比重、城乡收入差距是衡量农业现代化的重要指标。发达工业化国家的农业机械化率90%左右、农业劳动力比重不到10%、城乡差别基本消失。2011年中国的综合农业机械化率则是54.8%，农业劳动力占全社会从业人员比重依然高达34.8%左右，城镇居民人均可支配收入是21 810元，农村居民人均纯收入是6 977元，前者是后者的3.126倍。这些情况表明，中国现在的农业现代化落后于工业化和城镇化，存在另一种类型的“半城镇化”，极不利于城镇化的健康发展，更需要加快农业现代化的步伐。

4. 人口城镇化和土地城镇化不协调，城镇化粗放式发展

2011年中国城镇化率是51.27%，比2010年提高1.32%；2011年全国批准建设用地61.17万公顷，其中转为建设用地的农用地41.05万公顷，转为建设用地的耕地25.30万公顷，同比分别增长26.3%、21.6%、19.4%。改革开放以来，我国的城市建成区面积扩大了4倍，但城镇人口只增加了1.6倍。此外，中国还存在着数以千万计的“三无农民”。这些情况表明，中国现在农地城镇化的速度快于人口城镇化的速度，农地非农化和城镇化的提高速度要比农民非农化和城镇化的提高速度快得多，说明现在城镇化占地增长过快、过多、利用效率不高，也不利于城镇化的健康持续发展。

5. 城镇化地区差异较大，发展不平衡

中西部城镇化滞后于东部城镇化、地区差异较大、发展不平衡也是中国现在城镇化健康发展存在的一个突出问题。2011年中国东、中、西部地区的城镇化率分别为61%、47%和43%，中、西部分别比东部低14%和18%，而且中、西部与东部城镇化的差距还呈现出扩大的趋势。

6. 城镇规模结构不尽合理，城市集中度偏低

2008年，中国城市平均规模为49万人，远远低于最优城市规模的下线；

而数量巨大的小城镇平均规模则不足 1 万人。另外，部分特大城市则规模巨大。2011 年北京、上海、重庆的人口都超过了 1 000 万，超过 500 万的城市也达到 12 座。而且，这些超大型城市人口还不包括没有户籍的常住人口，如果把这部分人口计算在内，则这些城市的规模更加巨大，如北京就超过了 2 000 万人。这种城镇规模结构，既不利于提高城镇的总体效益，又可能产生更多更严重的“城市病”。

7. 农民“被上楼”，部分地区存在“被城镇化”现象

这是指农民在城镇没有稳定的就业、被动地成为城镇居民的现象。现在有的地区为了追求高城镇化率、取得农民的土地、开发房地产、实现农业规模经营等，采用行政手段，“拆村并户”，给农民城镇户口、廉价住房和一定的经济补偿，使农民“被上楼”、被动地实现城镇化。这种城镇化，即使农民最初是愿意的，但由于不是工业化和经济发展的结果，不是水到渠成，而是揠苗助长，容易产生“城市病”，导致“过度城镇化”，是不稳定的病态城镇化。进城农民虽然有房住，但就业没有保证，也不能享受城镇的社会保障，不仅不能在城镇真正安居乐业，而且难以在城镇扎根，甚至可能沦为“三无农民”①。

8. 部分地区存在“大跃进”城镇化现象，城镇化速度过快、过急

农民过多、过快进入城市，城市数量和空间范围、人口规模的超速扩大，缺乏产业支撑，会发生严重的“城市病”和“农村病”。过度的城镇化会超过经济社会的承受力，恶化生态环境，大量过多占用资金和资源，牺牲农村和农业发展，加大城镇就业压力，形成大面积的贫民窟，危害社会治安，难以保持社会和谐稳定。虽然中国城镇化总体上不是“过快、过猛、过急”，但并不排除部分地区存在“大跃进”城镇化现象。比如部分地区把城镇化简单片面地理解为大征地、大拆迁、建新城，把城镇化搞成“房地产化”“造城运动”，在产业和经济没有相应发展的情况下，盲目追求城镇规模扩大、城镇数量和人口增加，结果城镇一方面存在棚户区，另一方面又出现了大量闲置房屋、烂尾楼、被称为“鬼城”或“鬼域”的荒芜的新区或开发区。还有的地方只是在公路两

---

① 舒圣祥：《农民岂能“被城市化”》，《中国产经新闻报》2010 年 9 月 16 日。

边盖起几排楼房，就宣布建成一个小城镇，没有产业和市场支撑，有城无“市”，有镇无“产”，实际上是“唱空城计”。这种“空壳化”的城镇化，不可能持续发展。

9. 城镇化存在“贵族化”倾向，基本公共服务不足

城镇化的“贵族化”，是着眼于满足少数富裕阶层的高档需求，不顾广大普通市民的需求和承受能力，片面追求高楼、广场、新奇、高档、宏大、气派、奢侈、豪华、洋化、现代、超前的城镇化现象，豪华别墅积压过剩，普通住房严重短缺，不惜工本和不顾资源环境的承载力，大搞“人造景观”造成资源大量占用和浪费、房价居高不下，使得中低收入城镇居民买不起、租不起住房，而且普通老百姓在城镇生活不是更加快捷、方便、舒适，而是更加拥堵、不方便、不舒适，有的城市甚至使得普通市民出现了乘车难、看病难、子女入托难、上学难、理发难、修鞋难等现象，城镇基本公共服务供给明显不足。

10. 城镇建设滞后，环境质量堪忧

房价居高不下，还有超过1亿人居住在“棚户区”和危旧房之中。不少城市的交通、排水、垃圾处理等基础设施建设赶不上城镇发展和人民群众不断提高的要求，交通拥挤堵塞，“都城”成了“堵城”，城镇暴雨成灾的现象此起彼伏。环境污染严重，汽车及其尾气排放激增，大城市空气质量普遍较差，多数日子看不到蓝天白云，接连出现大范围的雾霾天气，城市污水成为江河湖泊的主要污染源，垃圾围城的现象也不少见。

四、走中国特色的新型城镇化道路

国际金融危机后，国内外环境发生深刻变化，我国经济社会发展进入了新常态阶段。这个新阶段的最显著特征，就是由过去三十多年接近10%的经济高速增长转为7%左右的中高速增长。由于发展基数越来越大，维持过去那样的高速增长已不现实。从需求条件看，靠大规模的政府主导型投资以保持经济增长速度的方式不再具有可持续性，我国经济高增长过分依赖政府高强度投资的负面效果日益明显，投资效率下降，投资和消费比例失衡，产能过剩严重，

长期下去不可能持续[①]。而外需受到国际市场需求低迷的影响，对我国经济增长的贡献率下降。从供给条件看，随着以劳动力短缺和工资持续提高为特征的“刘易斯转折点”的到来，以及以人口抚养比不再降低为表现的“人口红利”的消失，再加上技术、管理等其他要素供给不足和资源环境约束日益增强，经济潜在增长率也不断下降[②]。此外，多年积累的诸多矛盾和问题，如产能过剩、环境污染严重等，也对经济高速增长形成制约。特别是我国已进入中等收入阶段，将面临转型陷阱、拉美陷阱、福利陷阱、城市化陷阱、资产泡沫陷阱、金融陷阱、捧杀陷阱等复杂问题[③]。在中等收入阶段保持中高速增长，不仅需要形成与经济发展阶段相匹配的高品质制度体系，而且需要摆脱增长机制锁定，寻找增长与跨越的内在驱动[④]。因此，在经济发展新常态阶段，有利因素和不利因素相互交织，积极作用和消极作用相互影响，使经济社会环境日趋复杂化，从而对城镇化提出了新的要求：一是经济增长换挡调速，经济下行压力较大，需要城镇化释放需求和创造供给的能量；二是经济结构问题突出，转型升级迫在眉睫，需要城镇化推动重大结构性问题的解决；三是资源环境压力增大，生态保护要求强烈，需要城镇化与生态文明耦合推进；四是“中等收入陷阱”风险尚存，保障和改善民生任务繁重，要求城镇化发展中更加注重以人为本；五是国际关系深度调整，亟须扩大迂回空间，需要城镇化增大我国在国际的回旋余地[⑤]。总之，经济新常态迫切需要走出一条有中国特色的新型城镇化道路。

新型城镇化道路是不同于过去的城镇化道路，是具有中国特色的城镇化道路。这里讲的中国特色，主要有三点：第一，中国是具有 13 亿人口的大国，要在实现现代化过程中走新型城镇化道路，应该说是世界上最难的一件事情，我们想问题、办事情，必须从 13 亿人口出发，比如粮食安全问题。第二，工

---

① 蔡昉：《如何转向全要素生产率驱动型》，《中国社会科学》2013 年第 1 期。

② 陈亮等：《中国经济潜在增长率的变动分析——基于日韩及金砖四国等典型国家》，《经济理论与经济管理》2012 年第 6 期。

③ 郑秉文：《转型发展中警惕中等收入陷阱》，《杭州》2012 年第 8 期。

④ 李月、周密：《跨越中等收入陷阱研究的文献综述》，《经济理论与经济管理》2012 年第 9 期。

⑤ 张占斌：《经济中高速增长阶段的新型城镇化建设》，《国家行政学院学报》2014 年第 1 期。

业化、城镇化和生态文明建设，这三件事情是属于同步进行、叠加进行，这个难度也比世界上任何一个国家难度要大得多，与先行现代化国家的历程不一样。第三，中国是一个城乡二元比较严重的国家，如何破解城乡二元，是我们中国推进新型城镇化的一个非常重要的任务，我们要有耐心和定力。到 2020 年，要解决约 1 亿进城常住的农业转移人口落户城镇，约 1 亿人口的城镇棚区和城中村改造，约 1 亿人口在中西部地区的城镇化。到 2050 年，我国城镇化历史任务如果能够真正稳妥完成，就是了不起的世界级水平的成就。我们理解，所说的中国特色，更多的是要考虑中国这三个特殊的国情，在考虑这个国情的基础上推进新型城镇化建设。

那么，什么是新型城镇化？简言之是以人为核心、以质量为关键、以改革为动力。具体而言，新型城镇化有以下七个本质特征：

第一，新型城镇化，是坚持以人为本，体现公平共享、包容发展的城镇化。要合理引导人口流动，重点推进农业转移人口市民化，努力提高农民工融入城镇的素质和能力，实现城镇基本公共服务均等化。以人为本，是科学发展观的核心，是我们党的根本宗旨和执政理念的集中体现，也是城镇化科学发展的根本保证。以往的城镇化，一些地方热衷于“盖高楼”“造新城”，对农民工市民化问题没有给予应有的重视，存在着见物不见人的倾向。而一些地方因城镇建设和管理滞后，“城市病”已经显现，影响了城镇居民工作和生活质量。以人为核心的城镇化，就是要努力破解城乡二元体制和城镇内部的二元结构，使城乡居民共享发展成果，过上更加美好的幸福生活。

第二，新型城镇化，是坚持四化同步，体现产业支撑、就业优先的城镇化。城镇化要有产业支撑，要促进工业化和城镇化良性互动、信息化和城镇化深度融合、城镇化和农业现代化相互协调。有了四化并举，产业发展起来了，城镇就能够集聚人气，有了吸纳就业的能力，实现产、城、人三方面的融合。没有产业支撑的城镇化，难以提供就业岗位，就是“唱空城计”，就会出现“空城”或“鬼城”。一些发达国家和东亚国家，较好地协调了四化同步，实现了现代化。而一些拉美国家由于四化不协调，就业问题突出，城市里出现了大量贫民窟，现代化进程严重受阻。在城镇化发展中，我们要补上服务业的短板。服务业是城镇就业最大的容纳器，多为中小微企业，铺天盖地，潜力很大，要大力扶持，加快发展。

第三，新型城镇化，是坚持城乡互动，体现以城带乡、工农互惠的城镇化。城乡二元结构是制约城乡发展的主要障碍，小康不小康，关键看老乡。推动新型城镇化要与农业现代化相辅相成，要严防死守耕地红线，确保国家粮食安全。要探索农村土地集体所有制的有效实现形式，加快构建现代农业经营体系。土地经营权流转、集中、规模经营，要与城镇化进程和农村劳动力转移规模相适应，鼓励发展、大力扶持家庭农场、专业大户、农民合作社、产业化龙头企业等新型主体。要探索农民变市民，进城不离乡，“就地就近”城镇化的路子。坚持工业反哺农业、城市支持农村和多予少取放活方针，健全体制机制，不断加大强农惠农富农政策力度，形成以工促农、以城带乡、工农互惠、城乡一体的新型工农城乡关系，让广大农民平等参与城镇化进程、共同分享城镇化成果。

第四，新型城镇化，是坚持科学布局，体现因地制宜、协调有序的城镇化。全国主体功能区规划对城镇化总体布局做了安排，提出了“两横三纵”的城市化战略格局，要一张蓝图干到底。要根据资源环境承载能力、发展基础和潜力，以城市群为主体形态、东中西地区因地制宜、大中小城市和小城镇协调发展，优化城镇化空间布局和城镇规模结构。目前，我国人口过度向少数特大城市集中，城市过度向东部集中的势头越来越明显，造成大城市规模过大、小城市规模太小、地区差距日益扩大，城市布局不合理。这不仅产生大量的经济问题，而且还带来大量的社会、政治和生态问题，需要引起高度重视。由于中西部地区城市发育明显不足，导致了人口长距离大规模流动、资源大跨度调运，极大增加了经济社会运行和发展的成本，不仅不利于全面推进现代化建设，也不利于维护民族团结、保障国家安全。要在京津冀、长三角、珠三角城市群的基础上，在中西部和东北有条件的地区，依靠市场力量和国家规划引导，逐步发展形成若干城市群，成为带动中西部和东北地区发展的重要增长极。

第五，新型城镇化，是坚持绿色低碳，体现承载力强、和谐宜居的城镇化。要根据城镇人口增长趋势和资源环境变化态势，着力提高城市综合承载力和可持续发展能力，将生态文明融入城镇化全过程。当前，我国正处于城镇化快速发展阶段，随着城市人口的急剧增长及城市规模的迅速扩张，城市综合承载能力倍受考验，高投入、高排放、高污染的路子不能再走下去了，必须坚持绿色低碳发展。要按照促进生产空间集约高效、生活空间宜居适度、生态空间山清水秀的总体要求，形成生产、生活、生态空间的合理结构。减少工业用地，适当增加生活用地，特别是居住用地，切实保护耕地、园地、菜地等农业空间，划定生态红线。科学设置开发强度，尽快把每个城市特别是特大城市开发边界划定，把城市放在大自然中，把绿水青山保留给城市居民。

第六，新型城镇化，是坚持传承文化，体现历史文脉、民族特色的城镇化。城市建设水平是城市生命力所在，也是城市的软实力。城镇建设，要实事求是确定城市定位，科学规划和务实行动，既不能闭门造车，也不能邯郸学步，避免走弯路；要依托现有山水脉络等独特风光，让城市融入大自然，要融入让群众生活更舒适的理念，让居民望得见山、看得见水、记得住乡愁；要融入现代元素，更要保护和弘扬传统优秀文化，延续城市历史文脉，体现民族文化的自信；要加强建筑质量管理制度建设。在促进城乡一体化发展中，要注意保留村庄原始风貌，慎砍树、不填湖、少拆房，尽可能在原有村庄形态和民族特色上改善居民生活条件。既要提升和传播城镇文明，也要保护和尊重乡村文明。

第七，新型城镇化，是坚持体制创新，体现两手结合、改革配套的城镇化。要更加重视市场规律，更好地发挥政府作用，两手结合，两手都硬。正确处理政府和市场的关系是经济体制改革的核心问题，也是城镇化健康发展的根本性问题。实践证明，成功的城镇化，既是市场调节、自然发展的过程，又是政府调控、规划引导的结果。我国城镇化过程中出现的许多问题都与市场和政府两只手的作用没有发挥好、没有协调好密切相关。虽然市场存在着外部性等缺陷，但总体上看，我国过去曾经走过由政府包办、排斥市场作用、忽视民间力量的城镇化道路，政府过分干预是造成市场信号扭曲、不能正常发挥作用的主要因素。同时，政府越位与缺位并存还影响了政府作用的发挥，不该管的管了，该管的却没有管好。今后，一方面要坚持微观交给市场，充分发挥市场资源配置的决定性作用，把错装在政府身上的手换成市场的手；另一方面还要充分认识到我国城镇化是一项复杂的系统工程，具有复杂性、长期性和艰巨性，又要更好发挥政府在创造制度环境、编制发展规划、土地用途管理、建设基础设施、提供基本公共服务、加强生态环境保护和社会治理等方面的职能。

第二章　当前我国行政体制存在的主要问题

行政体制是国家体制的重要组成部分，属于上层建筑的范畴。行政体制创新是推动上层建筑适应经济基础的必然要求。改革开放以来，我国城镇化实践不断发展，经济基础发生了广泛而深刻的变化。为适应经济基础的变化，中央提出了一系列推进城镇化的方针战略，行政体制改革不断推进，为城镇化发展提供了重要保障。但总的看，我国现行的城镇行政体制带有明显的计划经济体制烙印，与城镇化发展的新阶段、新要求、新趋势还很不适应，在很大程度上制约了城镇化的发展。这种不适应一方面表现为纵向行政层级过多，行政管理信息失真、效率不高、财权与事权失衡；另一方面，表现为城市间合作机制不健全，不同城市间存在明显的行政分割现象，限制了区域经济社会事业的协同发展。更重要的是，现行行政体制与随着城镇化浪潮大量进城的农村转移人口所需要的城市管理、公共服务、社会管理等严重不相适应，急需改革。

一、城市行政管理体制等级化

经过多年的演变，我国城市行政管理体制实行中央政府管理省级直辖市和副省级城市、省、自治区管理地级市、地级市领导县和县级市、县和县级市管理乡镇的等级化比较明显的五级城市行政管理体制。这种等级化的城市行政管理体制有利于强化上级政府对下级政府的行政管辖，保证上级的政策和指令能够得到贯彻执行，从而体现行政权对效率的要求，避免地方政府管理中出现混乱的局面。但等级化的城市行政管理体制也对不同等级的城市产生不同的影响，导致不同等级城市的城镇化水平和质量差异较大和人口空间分布的极不平衡[①]。

---

① 陈鹏：《新型城镇化的行政管理体制障碍分析》，《宜春学院学报》2013 年第 7 期。

实践证明，城市行政等级是决定城市初始形成和发展的重要因素[①]。一般来说，一个城市的行政等级越高，政府就越“偏爱”[②]，其所获得的再分配资源就越多[③]。行政等级高的城市往往是各级政府的驻地，享有各种资源的优先支配权力，占有更多的公共资源，包括教育、医疗、卫生、交通和基础设施等方面，从而吸引人口、产业集中，促进该城市发展得更快、更好。

从城镇化的水平来讲，直辖市、计划单列市和省会城市已经走在我国城镇化的第一梯队，接近或者达到了发达国家城镇化中期阶段的水平。比如我国的北京、上海、广州、深圳等地区的城市化进程相对较快，水平和质量也相对较高，其他省会城市的城镇化进程在各自的省内都已经处在先行一步的水平和阶段。但人口的过快流入，也导致城市交通等基础设施承载的负荷过重、房价过高、环境污染严重、大量外来人口居住和生活质量差等大城市病问题。

地级市之间的城镇化水平差异比较明显，分化比较严重。总的说来，东部、中部和西部地区的地级市的城镇化水平基本呈现不断下落的阶梯状分布的特点，而同一省域的地级市虽然差距不大，但与省会城市或计划单列市和副省级城市的差距较大。东中西部地级市的阶段状分布与我国的等级制的城市管理体制关联度不大，主要是受到东中西部阶梯状的经济发展水平影响，但一个省内部地级市与省会城市或计划单列市和副省级城市的较大差距，其主要原因在于等级制的城市管理体制。

县和最低等级的小城镇是我国当前城镇化水平最落后的地区。县级行政区域是我国传统上对地方经济发展最为重要的也是最基础的一环，国家多次提出要发展和壮大县域经济实力。而多年以来实行的地级市领导县的行政管理体制使得县和县级市的自主权大为削减，财权相对集中于地级市使得县级城市的城市化水平很低，因而对从农村转入城市的新城市人口的吸引力大为降低，导致

---

① 王垚、王春华、洪俊杰、年猛：《自然条件、行政等级与中国城市发展》，《管理世界》2015 年第 2 期。

② Henderson，J. V. and Quiley，J. and Lim，E. Urbanization in China：Policy Issues and Options [D]. Unpublished Manuscript，Brown University，2009.

③ 蔡昉、都阳：《转型中的中国城市发展——城市级层结构、融资能力与迁移政策》，《经济研究》2003 年第 6 期。

很多农村的居民将目光投向县级以上的城市，这样一来，原本城镇人口不多的县级城镇建设和经济发展就更加缺乏人口集聚的推动。县城的情况如此，乡镇的情况就更不用说了。

由此可见，等级化的城市管理体制促使人口、资源从低等级城市向高等级城市不断流动，结果不同等级城市的城镇化水平和质量差异很大：一端是大城市和中心城市人口过于集中而拥挤不堪，一端是广大中小城市和小城镇面临人口外流和空心化现象，这正是我国各级城市城镇化水平和质量极不平衡的体制根源。

二、行政管理层次过多

20 世纪 80 年代初期，“市管县”体制得到普遍推行，在一定程度上反映了当时城乡发展的特殊要求和体制转轨初期的特点。但随着城镇化进程的推进和市场经济的深入发展，“市管县”体制逐步失去了当初的功效，逐渐成为束缚县域经济发展的体制性因素，暴露出了越来越多的问题①。

首先，“市管县”体制增加了行政管理层次和成本。实行“市管县”体制之前，行政层级主要由中央—省—县（市）—乡（镇）四级组成，市管县（市）后，省县之间的层次由虚变实，行政层次增加到五级，这在中国历史上从未有过。世界上大多数国家或地区的行政区划实行二级制或三级制，很少实行四级制。一方面，原本省县之间可以直接沟通的事务，现在则必须经过市来“上传下达”，这与强调信息化和行政效率的现代行政理念要求相比，明显缺乏科学性；另一方面，现行“市管县”的区划体制还造成机构膨胀臃肿，一级行政区划设置就需要配置一套机构和人马，由于市级建制既要管理城市，又要管理农村，而城市和农村在社会结构、功能作用、发展需要等方面具有天然的异质性，这在客观上既增加了行政管理工作的复杂性，又使得为了做好这两方面的工作而设置大而全的机构，导致机构臃肿不堪，这不仅增加了财

① 马兰：《“省直管县”：我国行政体制改革的必然趋势》，《管理观察》2013 年 8 月中旬刊。

政负担和农民负担，而且也极易滋生多头领导、人浮于事、相互扯皮等官僚主义现象。

其次，“市管县”体制造成了城乡利益分配的不均衡。城市管理与农村政府所面临的公共事务有很大的不同，所以世界性的惯例是城乡分治，城市自己组织政府，实行自我管理。实行市管县后，市里既要抓城市工作，又要抓农村工作，而市政府的工作重心一般放在城区，在工作部署、城乡利益分配等方面难免不平衡，从而出现重城轻乡、重市轻县的现象，忽视农村和农民的利益需求，这无疑与当前“三农”问题在国民经济建设中的基础地位是不符的，也不利于“三农”问题的解决。

最后，“市管县”体制束缚了县域经济发展。“县”在中国是农村经济的组织者、管理者和调节者，也是国家政治行为和经济发展的聚结点。解决“三农”问题必须首先要强县，因为县域经济是中国社会经济的基层单元。“市管县”体制本来的目的是以城市带动乡村，实现城乡统筹发展。但许多地级城市由于综合经济实力不强，无法带动所辖县市的经济发展，形成“小马拉大车”现象。除省会城市和一些中等发达城市带动力量较强外，一些地级市与县（市）同处发展初始阶段，根本没有能力带动周边县区，更为严重的是当前行政管理层级过多，“市管县”体制效率较低，上级政府对县级政府的职权干涉太多，没有真正发挥县级政府在县域经济发展中的作用。在“市管县”体制下，城乡的资源不是依据市场的原则来配置，而是以人为的行政力量来分配，自然会进一步侵害县及农村地区的利益，从而形成所谓“市压县”“市卡县”“市挤县”的局面，严重阻碍了县域经济的发展。

三、现行行政区划调整滞后

行政区划作为中央统治地方及中央与地方分权的一种重要形式和手段，某种程度上可以视为国家结构形式的空间投影，具有管理与空间的双重属性。改革开放以来，我国城市行政区划调整非常频繁，形式也很多样，主要有县、市升格或地区改市（地级）、撤县设市（县级）和撤县（市）设区三种形式，这是市场化分权改革在城市层面的反映[①]。其中撤县设市（县级）和县、市升格或地区改市（地级）是改革开放以来最为突出的两类行政区划调整，迄今已经历了一个比较完整的发展周期，大大促进了城市数量的增加和城市规模的扩张，对提升我国城镇化水平产生了积极影响。所以，这里仅论及撤县（市）设区对城镇化的制约效应。

撤县（市）设区自2000年大张旗鼓开展以来，已经走过了一个从高峰到低谷的发展历程，它虽然在短期内提升了城市规模和城市竞争力、影响力，为都市区的形成和壮大提供了有利条件[②]，但它在数量上基本意味着城市的减少，尤其在我国仍然是单中心的组织或计划秩序主导的环境下，其存在的问题更为明显[③]。

首先，撤县（市）设区不利于城市间的竞争，尤其不利于大城市周边中小城市的发展。撤县（市）设区将行政权力高度集中在市一级政府，固然可以使得政令畅通，政府权威得到加强，但也增加了行政干预，特别是会损害地方发展的积极性、主动性和灵活性。

其次，撤县（市）设区带来了虚假城镇化和建设上的浪费。撤县（市）设区对于城市和城市化发展的影响在某种程度上类似于撤县设市，甚至更有过之。中心城市城区人口、空间规模的迅速扩大，形成了一种虚假的城镇化，并促发了城市空间的蔓延和设施建设的低效率。

再次，撤县（市）设区导致城区规模不断扩大，治理难度增加。撤县（市）设区作为一种行政手段，对问题的解决只是暂时的、表面的，城市发展与城市治理之间的结构性矛盾没有得到丝毫削弱，甚至有进一步加强的趋势。随着都市区规模的扩大，都市区的外部矛盾不但比原来没有明显减少，反而会通过行政区划内部化的问题而进一步增大了都市区内部治理的范围与难度。从实践中可以看到，随着撤县（市）设区的推行，区的规模不断扩大，管理内容

---

① 罗震东：《改革开放以来中国城市行政区划变更特征及趋势》，《城市问题》2008年第6期。

② 张蕾、张京祥：《撤县设区的区划兼并效应再思考——以镇江市丹徒区为例》，《城市问题》2007年第1期。

③ 张京祥、吴缚龙：《从行政区兼并到区域治理——长江三角洲的实证与思考》，《城市规划》2004年第5期。

更趋综合，远远超出区的有效管理能力。在这种情况下，区开始向街道甚至居委会放权，于是在许多大城市，街道一级有逐渐实化的趋势。

最后，撤县（市）设区作为一种协调手段仍未跳出“分权集权”的循环，破坏了制度创新的可能基础。集权手段的应用减少了能动单元的数量，因此也破坏了制度创新的可能基础。因为，与由数量众多的小型单中心单元组成的共存结构相比，由少量的大型单中心单元组成的结构的创新能力无疑更差。如果只是简单地、过多地通过区划兼并的手段进行集权式管理，不仅束缚了原本较为灵活自主的县域经济发展格局，而且使得都市区管理的层次和职能不能完全覆盖到广泛而多样的城乡地域范围，客观上很可能造成管理效率的降低和政策空间的“缺位”与“空白”。

四、跨区域治理机制缺失

目前，我国已经形成了长三角、珠三角、京津冀三大国家级城市群，以及成渝城市群、长江中游城市群、哈长城市群等多个跨区域城市群。在中央政府政策的有力推动下，跨区域城市群内的地方政府充分利用改革开放后拥有较大经济调控权的有利条件，广泛开展了多种形式的横向经济联合，地方政府之间的横向关系得到发展。但是，在推进新型城镇化进程中，因受行政区域经济“边界”影响，跨区域城市群内的地方政府之间的横向关系发展仍受到一些因素制约，如地方政府之间的行政体制不同、追求自身利益最大化和地方保护主义，“共赢”的区域利益协调机制和协调组织很难建立和有效运行，结果导致一些地方政府出于行政区域利益的考虑，在行政区范围内构筑自我封闭、自我配套的经济结构。主要表现为有意识地限制经济要素的跨行政区域自由流动，人为分割经济要素市场，导致经济区域有序的、竞争的统一市场难以形成，造成重复建设和区域产业结构趋同，从而制约跨区域城市群的空间格局优化[①]。

一是“共赢”的区域利益协调机制的缺失。由于受不同的地方行政区的行

① 朱舜：《长三角及其经济腹地城市化空间格局优化的区域治理研究》，《中国行政管理》2015年第12期。

政体制影响，已经成立的区域协调组织多是以“轮流坐庄”、对话协商、自愿承诺的方式开展工作。例如，横跨上海、江苏、浙江三个省级行政区的“长三角区域合作”一直因行政区划分割的省级行政区利益矛盾受到制约而效果甚微；尤其是以追求 GDP 和财政收入增长为主要目标，竞相引资于同类产业导致三个省级行政区产业同构化。这种缺失区域利益协调的机制是一种非制度性的协商组织机制，缺乏跨行政区的执行力和约束力。从现实的情况看，长三角虽存在着多层次的协调机制，但实际上受到多头领导、各自为政的行政区域经济“边界”墙阻隔而难以发挥更大作用。

二是有效率的协调组织的缺失。跨区域城市群的协调模式通常有两种类型：一种是制度化的协调机制，即有协调的组织，通过集体谈判缔结条约，具有法律强制性的效力和效率；另一种是非制度化的协调机制，即由地方政府领导人做出承诺，而不具有法律强制性的效力和效率。有效率的协调组织是实现城市化空间格局优化的区域治理的组织基础。改革开放以来，长三角曾在区域合作方面有过很多尝试，比如 20 世纪 80 年代成立国务院上海经济区规划办公室，试图充分发挥区域层面的资源有效率的利用效应，增强长三角发展竞争力，但实际效果并不理想。长江三角洲城市经济协调会的各方更多地关注自己的局部利益及短期利益，其协调力有限，难以达成具有法律效力的制度框架；协调机制中的人员多为兼职，缺失法律地位和效率。

五、城市内部治理机制不健全

（一）基本公共服务不均等

在我国城镇化加速发展阶段，随着人口和产业的迅速集中，城市人口规模、空间和建设规模急剧扩张，城市的人口、资源、环境压力空前加剧，城市供求关系十分紧张，城市治理面临多重难题。

一是大量的非户籍外来人口仍处于边缘化状态，未被纳入多元共治的主体之中。虽然城市户籍管理制度改革已经启动，但由于“路径依赖”的作用，依托于传统户籍制度的社会福利体系和居民权利体系尚未发生全局性、根本性变化，近3亿非户籍外来人口与户籍人口之间的权利差距虽有所缩减，但仍然较大，非户籍外来人口在城市中既未被当作平等的权利主体，其自身也具有较强的客居心态。

二是城市的资源紧缺、环境恶化。粗放式的城市规模扩张造成了土地资源的紧张与环境污染，特别是在我国城镇化加速发展阶段，城市环境污染如影随形。一方面，城市扩张过程会产生各种类型的环境污染。城市工业生产、建设、日常生活会产生大量的水、大气、土壤和其他固体废物污染；城市交通运输、机器运转、建筑和娱乐活动会产生大量的噪声污染；装修和建筑会产生光污染；城市密集的无线电广播、电视信号发射、微波通信会产生电磁污染。另一方面，城镇化变更了土地用途，这种变更削减了自然环境的范围，并可通过各类污染损害自然环境。

三是城市的基本公共服务供给不足、发展失衡。近年来，我国城市不断加大财政对基本公共服务的投入，以增加基本公共服务的数量，但是，由于历史欠账太多，以及政府职能转变不到位，财政支出中用于公共服务的比重仍然偏低，基本公共服务的供给总量同城市居民日益增长的公共服务需求之间的矛盾越来越凸显。此外，城市基本公共服务发展也极不平衡，在城乡、区域和不同人群之间存在很大差异。主要表现在：制度供给不平衡，表现为公共服务制度的城乡二元分割，在义务教育、社会保障、公共基础设施、环境保障和公共卫生等制度设计方面存在明显的城乡差别；财政投入不平衡，这主要表现在公共财政对城乡、区域和不同层级和规模的城市公共服务的投入存在明显差别；供给水平不平衡，公共服务投入的不平衡，直接导致公共服务供给水平的不平衡；供给质量不均等，比如在义务教育和医疗方面，突出的表现是城乡、区域和不同层级和规模的城市教育、医疗条件差异明显，农村和中小城市和小城镇教育、医疗条件较差，直接影响农村和中小城市和小城镇的教育、医疗提高；成本负担不平衡，最突出的表现是城乡居民享有公共基础设施的成本负担不平衡。

（二）公众参与城市治理不足

在城市治理中，政府负主责，市民是主体，城市社区和非政府组织是主阵地。随着信息技术的进步和民主政治的发展，政府与社会的互动出现了一些新的形式，如“政务微博”“数字城管”，极大地活跃和丰富了政府与社会、公众的互动，提高了公众参与城市治理的程度。但是，我国的城市治理一直具有较浓厚的“管控”色彩，管理者存在“卡死不出事”“围堵重于疏导”的观念，实践中往往表现为“主体—客体”这样一种单向度的路径，缺乏“主体—客体—主体”这样的“双向回路”。在政府与社会的互动中，民众往往也是被动地参与有关活动，比如主要的参与形式是议案（提案）式参与、公示及听证参与、窗口式参与、咨询调研式参与、活动式参与、媒体式参与和信访式参与。[①] 政府与社会、公众的互动存在着张力极强的“两极现象”[②]，即一方面，政府一极极力从平台建设、政策操作、典型宣传等方面，完善政社互动的“硬件”和“软件”，试图提升政府“亲民”“民主”“善政”的形象，向社会传播“正能量”；而另一方面，社会和公众一极，在参与城市治理过程中，感受到的往往主要是“不公正、不公开、不透明”以及“不合法、不合理、不作为”等“负能量”。

其实，政府和社会、公众两种能量的碰撞是一种正常状态，关键是要认清其中的问题所在。这里主要存在两个问题：

一是政府与社会、公众互动的政府主导性和机制虚假性同时并存。在目前机制中，社会机构和公众参与确实有相关法律规定或政策安排，但往往是政府单方面决定公众参与的资格、程度、内容、方式、渠道等，很多时候公众参与的实质性权利并没有得到真正落实。多数情况下，公众参与只是作为政府推行管理决策前的宣传动员手段，难以进一步向纵深发展。结果，社会、公众对互动能否解决群众关心的现实利益问题持有怀疑态度。

二是政府与社会、公众互动的权力制约和过程紊乱同时并存。掌握和行使公权力的政府是绝对的强势方，特别是对于一些敏感话题的权力制约尤为明

---

① 杨艳东：《中国城市治理困境中的公众参与机制与效果分析》，《云南社会科学》2011 年第 5 期。

② 李智军、董焕敏：《论城市治理中的政社互动现状、问题及对策》，《重庆科技学院学报（社会科学版）》2015 年第 9 期。

显。公众是否有权参与、如何参与公共事务管理，完全取决于政府一方。在信息公开方面，公开什么、如何公开也由政府决定。在非正式的网络媒体互动中，政府与社会、公众之间的非理性互动多于理性互动，无序互动多于有序互动。

（三）行政综合执法体制机制不健全

自 1990 年中后期以来开展的行政综合执法试点进一步降低了行政成本，提高了行政效率，初步解决了多头执法、执法扰民等问题，改善了城市治理。但是，由于城市行政综合执法体制机制不够健全，导致行政综合执法依然存在权责利不够理顺、新的权力交叉出现、结构性差异明显、综合执法与属地管理难以有效衔接等问题①。

首先，体制机制不健全。一是管理职能与执法职能未理顺。有的部门混淆管理和执法的性质，将管理职能卸载转移到执法层；而综合执法机构与相关部门仍存在较多的职责交叉和衔接合作问题。二是法律法规不完善。综合行政执法至今仍然没有全国统一的模式，在国家层面还没有统一的机构对综合行政执法进行指导；城市管理领域缺乏一部系统法律来规范；有些法律法规操作性不强，导致执法时自由裁量不科学。

其次，权责利难以理顺。一是行政许可、行政检查、行政处罚、行政强制等作为行政管理的系统环节，在改革中全部或部分相互分离，容易出现工作脱节和监管失控。二是管理职责与监督检查的职责难以明确。如在行政许可与行政处罚之间的管理监督检查阶段，原主管部门依法承担管理职责，但执法部门是否在行使处罚职责前也承担监督检查职责存在争议，而管理与监督检查职责极易混淆和划分不清。三是行政执法需要职能部门的技术支持和法律保障。整合后，如何保持与加强与原协助执法机构、专业技术机构的关系将变得非常重要，这是保证行政执法顺利进行，提高执法效能的重要环节。

再次，结构性差异难平衡。一是机构重组导致编制类型、待遇标准有待统

---

① 李海峰：《深化城管执法体制改革的困难、经验借鉴与路径思考》，《经济与社会发展》2014 年第 1 期。

一。城管执法的职能来自于原工商、市政等多部门，人员组成复杂，有行政执法专项编制、事业编制、后勤服务人员编制以及协管员等合同制人员，不同编制人员的待遇标准不一，同类编制不同工作部门的待遇标准也不同。同工不同编不同酬，在一定程度上会影响执法队伍的稳定性和积极性。二是编制整合导致部分原专项行政执法主管部门人力不足。综合执法部门的人员构成基础往往是从原主管部门划出，整合后可能导致一些原主管部门的人力资源紧张，工作运转困难。三是业务拓宽导致执法队员专业素质短期内难以适应。综合执法后，职责范围扩大到多个领域，执法内容和相关法律法规等从广度和深度上都有量的突破，被整合后的执法队伍来自不同行政执法机构，短期内很难熟悉所有专业知识，影响了执法效能。

最后，综合执法与属地管理难以有效衔接。深圳、广州等地执法中心下移造成了综合执法改革中街道层面的执法难题。一是街道执法队人员编制与所负担的工作不相适应。街道本身承担了城管工作，还有计生、消防检查、出租房屋管理等，加上部分街道还借调一些执法队员到其他部门工作，导致执法力量弱。二是街道城管执法队队员缺少归属感。一些街道缺乏对执法队的管理经验，往往重使用，轻管理，少培养，街道执法队干部队员在竞岗、晋升上比较困难。三是街道城管执法队员轮岗交流难。城管执法队下街后，人员的任免和调配权交由街道，要让干部队员根据工作的需要和个人的意愿在街执法队与机关、直属队，执法队与执法队之间进行交流，难度加大。四是城管队伍开展工作难。因街道城管执法队的“人、财、物”由街道办事处管理，使得部分执法队增加了处理违法建设、违章广告等工作的难度。五是街道办事处难以承担综合执法后的执法职责。综合执法部门若将所有执法职能下移到街道，工作量将非常大，执法人力明显不足，街道其他科室不管是在精力上还是执法权限上都难以提供支持。

第三章　创新行政体制的国内实践

为顺应城镇化发展需要，各地结合当地实际，积极探索，勇于实践，不断创新行政管理体制，破除城镇化发展在行政管理体制方面的存在的障碍，助力我国城镇化健康发展。其中在全国有较大影响力的改革和创新举措有：

一、大部门制改革：广东经验

改革开放以来，我国在 1982 年、1988 年、1993 年、1998 年、2003 年、2008 年先后进行了六次重要的政府机构改革。2009 年，广东省认真贯彻中央机构改革的部署，以大部门体制改革为重点，在全省范围分层级推动行政体制改革工作。这项改革历经 5 年时间，在 2014 年下半年告一段落，形成了四个改革模式，为兄弟省份和省内其他城市提供了较好的经验示范。

2009 年 3 月，广东印发《关于深圳等地深化行政管理体制改革先行先试的意见》，以探索大部门体制改革为主攻点，选择了深圳市、佛山市顺德区、广州市和珠海市，作为行政管理体制创新试点，进一步转变政府职能，理顺政府机构间职责关系。

广州　2009 年 9 月，广州市公布了《广州市人民政府机构改革方案和实施意见》，着力推进社会管理体制改革创新，探索职能有机统一的大部门体制改革。广州的改革重点领域是在城市管理方面，力图建立“大城管”体制。广州的改革围绕建立“大城管、大文化、大交通、大建设、大水务、大林业”以及“统一城乡规划、统一人力资源和社会保障以及统一科技与信息化”，通过组建和职责划入的方式，在九大领域建立大部门体制。政府工作部门和办事机构从 49 个精简至 40 个，其中市政府工作部门精简了 2 个。广州改革的亮点在于根据其城市历史、定位及功能特点，将改革的重点放在加强城市建设和管理上，努力实现“大城管”体制。

深圳 2009年7月，深圳市印发了《深圳市人民政府机构改革方案》，对决策权、执行权、监督权进行“行政三分”改革，设置委、局、办三种机构，分别对应决策、执行和监督的大部门。委和局之间形成“行政合同制”，并以此作为绩效的考察依据，有效实现行政权力相互制约。深圳组建综合经济管理机构，在交通、文化、城管、农业等领域实行大部门体制；大力减少行政审批事项；稳妥发展社区组织和民间组织，逐步把部分社会管理职能下放给社区组织和民间组织承担，积极培养和提高社会自我管理能力。深圳此次行政机构改革，政府工作部门从46个精简至31个，精简近1/3。深圳作为新兴城市，此次大规模改革，从组织架构到部门分工都进行了近乎颠覆性的改革，称得上史无前例。现任国务院副总理、时任广东省委书记汪洋在接受境外媒体采访时表示，深圳此轮改革，在中国地方区域行政体制改革上具有标志性意义。深圳此次的机构改革，起到作为其他城市改革试验田的作用。

珠海 2009年11月，珠海市印发了《珠海市人民政府机构改革方案》，突出“一体两翼”的理念，即以行政管理体制改革为主体，以国有企业改革和社会管理体制改革为两翼。珠海突出政府管理和公共服务重点，通过整合资源，推动社会管理体制改革，加快推进“政企分开、政资分开、政事分开、政社分开”，切实履行政府职责。政社分开方面，珠海在社区卫生、社会养老、公共政策咨询、行业评定、公共决策、公共论证等方面采取向社会购买服务的做法。大部门体制改革后，珠海市政府工作部门精简了约1/3，只设置27个部门。市直议事协调机构和临时机构则精简了超过80%，从593个精简至95个。珠海市作为广东省首个开展大部门体制改革的地级市，其改革与顺德有所类似，都进行了“党政联动”改革。与顺德相比，珠海的“党政联动”调整多于精简。在社会管理体制改革方面，珠海大力效仿香港，力图构建“小政府、大社会”的社会治理模式和“主体多元化”的社会管理格局。

顺德 2009年9月，佛山市顺德区实施了《佛山市顺德区党政机构改革方案》，启动党政机构大部门体制改革。创新并实施了在原有的区委常委和副区长之外，增设政务委员职位兼任16个大部门首长并参加区联席会议决策的干部管理制度。顺德实行大部门首长负责制，区委常委、副区长以及政务委员分工明确，职责明晰。改革后，顺德的重大事项决策权集中由区联席会议（成员由区委常委、区人大常委会主任、正副区长以及政务委员组成）行使。重大事项由区联席会议做出决策后，交由党政大部门集中统一执行。大部门体制改革后，顺德的党政机构被大刀阔斧地从41个精简至16个，精简幅度接近2/3。相比其他三个城市，顺德的改革力度之大，创新举措之多，令外界感叹“石破天惊”。顺德的改革，理顺了党政部门关系，将重大决策权上移至区联席会议，将具体执行权集中至各大部门和镇街，监督权外移至区纪委、政务监察和审计局。现任国务院副总理、时任广东省委书记汪洋用“三个最”概括顺德的改革：“传统的发展模式遇到的挑战，在顺德最早；破解发展难题的能力，顺德最强；实现科学发展的影响，顺德最大。”

四个试点城市取得成效和经验后，2010年12月，广东印发了《关于推广顺德经验在全省部分县（市、区）深化行政管理体制改革的指导意见》，扩大试点城市范围，将除深圳、珠海、东莞、中山以外的所有地级以上市列为深化行政管理体制改革的试点城市。2012年，又在全省两批试点共29个县（市、区）完成改革试点工作的基础上，进一步扩大试点范围，除已在全市范围内全面实施大部门体制改革的珠海、佛山、阳江等市及东莞、中山外，其他地级以上市至少再选择2个县（市、区）进行推广。2013年又在全省范围推广大部门体制，全面启动县（市、区）加快转变政府职能工作。到2014年，广东省基本完成在全省推广大部制的改革工作。

广东的大部门体制改革成效明显。各级政府的机构改革以“简政放权”为抓手，践行“政企分开、政资分开、政事分开、政社分开”，不断强化政府社会管理和公共服务职能，加大向市场、社会和下级政府放权的力度，加大取消、下放和转移各种行政审批事项的力度。通过大部门体制改革，合并了同类项职能和机构，精简了政府机构数量，解决了部门职责交叉、政出多门和权责脱节等问题，提高了行政效率和服务质量。深圳、顺德等地还在统筹党政机构设置，行政权力决策、执行和监督相对分开等方面进行有益探索。

同时也要看到，广东大部门体制改革仍存在诸多问题，如改革后同上级相关部门的对接关系处理问题，原工商地税等省属部门的隶属关系调整问题，精简后部门潜在的再膨胀问题，群众对新部门职能的接受问题等。另外，改革后部门和决策层次减少的同时官员却未见减少，人员分流方面还有待继续努力。

二、公务员聘任制：上海等地的试验

广东深圳 2007 年 11 月，深圳向社会公开招聘包括专业技术与辅助类职位在内的 31 个职位的 41 名行政公务员，首批试点吸引了众多的报名者，通过笔试、面试，最终有 35 人被录用。2010 年深圳市继续深化公务员聘任制改革，市政府颁布了《深圳市行政机关行政执法类公务员管理办法（试行）》《深圳市行政机关专业技术类公务员管理办法（试行）》《深圳市行政机关聘任制公务员管理办法（试行）》三个相关的配套文件。此次改革，实施职位分类，建立行政执法类和专业技术类职务序列；实施聘任制，把“铁饭碗”变“瓷饭碗”，公务员要更加用心、用力工作，才能保住饭碗。深圳的试点改革经验告诉人们，行政公务员的聘任制改革并不限于少数职位，可以在更大范围内展开，彻底打破行政公务员的“铁饭碗”和终身制。

山西太原 2009 年山西省太原市公安局运行机制改革全面启动，全市 8 000多名民警全员下岗，实行重新竞聘，公安系统与民警进行双向选择，并实行等级化考核管理，即把所有民警根据其工作业绩与绩效考评结果划分为优等、合格、基本合格与不合格几个等级，作为聘任的直接参考因素。警官为 1 年聘任期，在年终考评中合格，则可以续聘，达到优秀的，则可以获得晋升资格，连续两年考评不合格的则将被解雇。而警员则是在年终考评达到优秀，才能获得提升为同级警官的资格，若连续 5 年考评优秀的，则可直接晋升为上一级警员，若连续 8 年合格则可直接晋升。太原市公安民警系统实行全员聘任制改革后，机构和人员得到了精简，一线的战斗力进一步增强，同时，社会治安好转，抢劫类、抢夺类与盗窃类案件大幅下降，民众安全感有了大幅上升。

上海浦东 2008 年 6 月，上海浦东新区首批聘任制公务员与用人单位正式签约，聘期为 1 至 3 年。此次浦东聘任制公务员在体制上实现了两项重大突破，即实行了合同制管理及协议工资制度。聘任的公务员不执行有关公务员职务任免规定，不再有科、处、局等职级。在薪酬待遇方面，也不执行公务员工资、福利、保险等规定，而是由新区政府参照市场同类岗位同类人员的薪酬水平，并兼顾政府机关的实际情况，通过双方协商确定。上海浦东新区的这些新做法，无疑为改革公务员制度，破除公务员终身制，打破公务员的“铁饭碗”做出了有益尝试和积极探索。

此外，江苏、河南、湖北、成都等多个省市开展了公务员聘任制试点。聘任制改革淡化了“官本位”意识，实现了公务员正常的退出，有利于提高行政效率，充分调动了公务员工作的主动性、积极性和创造性。更重要的是，为现行严格编制约束下地方政府职能的不断扩大，需要更多的工作人员打开了一道可能的大门。

三、城乡基本公共服务一体化改革：河南焦作做法

城乡基本公共服务一体化是加快城乡经济一体化进程，将农村巨大的潜在消费能力逐步转变为现实的消费能力，实现内需持续稳定增长的根本道路。河南焦作市早在2008年就开始了以公共财政改革促进城乡基本公共服务均等化，进而推进城乡一体化的试点工作，初步探索了城乡基本公共服务均等化的实施路径，形成了城乡基本公共服务均等化发展的“焦作模式”。

焦作市位于河南省西北部，北与山西省接壤，南临黄河与郑州、洛阳相望，辖11个县市区，总面积4 071平方千米，总人口348.1万，其中市区人口83.5万。2008年以来，焦作市从改革财政管理制度和调整财政支出结构入手，在农村公共服务能力建设、农村饮水工程、基本公共卫生服务均等化三个方面提高农村公共服务水平。焦作市不仅通过增加财政支出以提高基本公共服务支出比例和基本公共服务财政投入水平、扩大基本公共服务覆盖面，而且还通过加强组织保障和能力建设，积极促进基本公共服务均等化目标的实现，形成了以公共财政制度改革推动城乡基本公共服务均等化的“焦作模式”。

城乡基本公共卫生服务均等化。从2008年开始，焦作市在市域范围内实

行社区基本公共服务的区域统筹政策，统筹领域首先选择在基本公共卫生服务方面。焦作市基本公共卫生服务实现了市域内城乡统筹，即市域涉农社区与市区居民在基本公共卫生服务方面享有同样的服务内容和服务方式。也就是说，焦作市除城镇居民外，城郊 17 万涉农社区的农民也被纳入公共卫生服务体系。公共卫生服务城乡统筹的内容主要包括八类：家庭健康档案、健康教育宣传、高血压病管理、糖尿病管理、一类疫苗预防接种、孕产妇保健、儿童保健、育龄已婚妇女妇科病检查等。服务方式采用政府购买，即政府为居民向社区卫生服务中心购买服务，由社区卫生服务中心直接向居民提供规定项目的服务，服务经费按季度由政府拨付给社区服务中心，经费拨付之前政府需要对提供服务方进行绩效考核和评价。2008 年，焦作市在 5 个区通过招标确定了 42 个社区卫生服务中心来提供基本公共卫生服务，其中政府举办的 19 所，企事业转型的 21 所，社会力量（个体户）2 所；政府通过社区卫生服务中心网络，向市籍居民免费发放“服务卡”，并作为居民个人享受服务的有价凭证；政府利用“服务卡”信息系统，考核社区卫生服务中心实际提供的公共卫生服务内容、次数及效果，考核过关，政府向社区卫生服务中心拨付经费。2009 年中国发展基金会的调研结果显示，焦作市基本公共卫生服务的城乡统筹已经获得较好的成效：从居民的知晓率和享受率来看，80％的受访居民知道社区卫生服务卡，其中 71％的居民已免费领取，领取服务卡的居民中有 70％的人享受到免费的公共卫生服务；从具体服务项目的享受率来看，绝大多数服务项目都能够被有效提供。焦作市在市域内，通过创新途径和方法推行基本公共卫生服务城乡统筹，提前实践了城乡基本公共卫生服务的均等化，并为在更广范围内实现基本公共卫生服务的均等化提供了可资借鉴的方法。

另一方面，在农村居民中积极推行新农合，对于困难家庭出台一系列优惠政策，免除其参合费，提高参合率。截至 2009 年底，全市新农合参合人数 244 万人，参合率达 97.69％。

城乡饮水安全服务的均等化。焦作市城乡饮水安全服务方面存在着巨大差距。截至 2004 年底，由于受原生性高氟水和苦咸水的困扰，焦作市有 145 万农村人口饮水不安全，占农村总人口的一半以上。农村居民长期饮用高氟水，导致氟中毒的比重每年都有增加。从 2004 年至今，焦作市政府共筹集资金 23 252 万元，用于建设农村安全饮水工程。其中，焦作市本级财政投入安全饮水工程的资金总额为 2 754 万元，占地方投资总额（12 203 万元）的 22.6%。截至 2009 年底，焦作市在全市共建安全饮水工程 358 处，相继解决了 73.619 6 万人的饮水问题。焦作市过去五年投资修建的农村安全饮水工程，重点在市辖县的农村地区或行政村，占所有接受专项资金投资支持并修建安全饮水工程村落总数的 94.8%。根据中国发展基金会的调查，截至 2009 年底，在焦作农村（包括市区内的涉农社区），80.8%的农户使用上了自来水，主要由单村集中供水模式提供深水井的地下水，农村饮水安全问题已经得到了很好的解决。

城乡社区公共服务能力建设的均等化。城市社区和农村社区是城乡居民社会生活的基本单元，也是各类社会政策和财政投入的主要承接者，城乡社区的公共服务能力直接影响社区居民所享受到的公共服务质量和水平。受中国城乡二元结构的影响，焦作市同样存在城市居民委员会和农村村民自治委员会两种截然不同的社区组织与治理模式。焦作市共有 138 个城市社区，1 826 个行政村，每个社区平均达到 1 442 户。城市中心区的社区人口平均达到 8 000～10 000 人，农村社区平均 1 000 人左右。城市社区的平均常住人口规模达到 4 238人，流动人口约为 240 人，未成年人口为 941 人，约占常住人口总数的 22%；60 岁以上的老年人口约为 686 人，约占 16%。2008 年以来，焦作市政府及其财政、民政部门，投入资金 660 万元，采取“以奖代补”的形式，强力推进城区 66 个未达标社区加强基础设施建设。对于农村社区，焦作市及其财政通过各种专项资金，每年安排财政资金 300 多万元支持农村社区提高服务农村居民的能力，比如投入建设文化中心、社区健身设施等。同时，每年拿出专项资金支持农村社区购买电脑、电视等信息化设备，并逐年增加对农村社区信息化建设的财政投入。

总之，焦作市在以财政改革促进基本公共服务均等化方面进行了有益的探索和实践，形成了以经济总量、财政收支和基本公共服务支出良性互动机制和社会公众参与基本公共服务项目选择为特征的城乡基本公共服务提供机制的

"焦作模式"，并在城乡基本公共卫生服务、城乡饮水安全服务和城乡社区公共服务能力建设三个方面推行城乡均等化，对于缩小城乡差距，促进城乡一体化产生了积极的推动作用。"焦作模式"在以财政改革推进城乡基本公共服务均等化方面，是较为成功的一种发展模式。

四、行政综合执法权改革：浙江舟山案例

舟山市的综合行政执法体制改革源于舟山市2007年以来相对集中行政处罚权改革所存在的问题而主动进行的一些探索，在相继获得浙江省委、省政府及省编委办的同意之后，开始在市本级及四县（区）正式开始进行试点。

2007年，舟山市市本级及定海、普陀两区在城市管理领域开展了相对集中行政处罚工作，整合了市容环境卫生、城市绿化、市政公用、城市规划、工商行政、公安噪声及交通、环境保护、城市河道、旅游市场、物价（其中旅游市场、物价仅限在普陀山风景名胜区管委会管理区域行使）等方面法律、法规、规章规定的全部或部分行政处罚权。但由于职能整合不够深入、机构设置存在缺陷、部门协作不够密切等原因，综合执法并未达到预期效果。为解决上述问题，2013年初，舟山市编委办积极推动了行政综合执法试点改革。

（一）整合集中行政执法权，实行综合行政执法

在城市管理相对集中行政处罚权工作基础上，横向扩大综合执法领域，纵向向乡镇（街道）基层延伸，逐步实现城乡全覆盖。横向上，根据实际需要，分阶段拓展执法内容，不断解决权责交叉、多头执法问题；纵向上，进一步延伸执法领域，统筹城乡管理。在具体工作中，主抓以下三方面：

其一，在执法内容拓展上，按照"总体设计、分步实施、有效承接"的思路来调整划转执法事项。确定了执法事项划转原则：一是靠一个部门较难执行的，或执法效率低、成本高的行政处罚职能，原则上予以划转。二是执行相对容易、技术支撑与安全要求不高、专业性不太强的行政处罚职能，原则上予以划转。三是执法对象相同，监管中存在交叉和多头执法、重复处罚现象的相关

行政处罚职能，原则上予以划转。四是基层日常管理需要的，与人民群众生产生活联系密切的、但执法资源分散的行政处罚职能，原则上予以划转。

根据以上四个原则，结合相对集中处罚工作实践，舟山市综合行政执法体制改革第一阶段的重点是理顺城管执法体制，以城市管理为基础，拓展与之相关的执法事项。先新增划转住房与城乡建设、国土资源、水行政、人防（民防）、渔政等 5 方面法律、法规、规章规定的部分行政处罚权（限制人身自由的除外），并由综合行政执法局同步行使与行政处罚权相关的行政监督检查权、行政强制权。划转职能按法律上的“项”统计，在原城市管理相对集中行政处罚权工作 10 大类 354 项的基础上扩大到综合行政执法 15 大类 533 项，新增 5 大类 179 项。

其二，在市与县（区）执法内容划分上，第一阶段，县（区）的综合执法范围与市级保持了相对一致。这主要考虑到为了有利于市、县（区）的上下衔接，以加强业务指导与规范，在行政复议上也能够上下对应。第二阶段，再根据各地实践，在省政府规定的 21 个方面，进行适度有序拓展。但总体上，舟山市编委办仍打算在执法事项上市、县（区）要相对统一。

其三，在执法领域延伸上，推进综合执法城乡全覆盖，实现城乡一体化管理。这主要基于以下考虑：一是适应基层管理需要。二是解决执法盲点问题。舟山地处海岛，以岛建乡镇的多，业务主管部门到海岛乡镇执法成本高，造成了监管与执法盲点、空白。三是在前期相对集中行政处罚工作中，两区已在部分乡镇（街道）进行了探索、延伸，取得了明显效果。

（二）调整优化机构设置，理顺行政执法体制

在综合执法机构上，总体按照“精简高效、合法管用”原则来设置。

市级层面。根据综合执法承担的职责、管辖范围和人口数量，调整归并原有执法队伍，重新组建综合行政执法机构。市级设立综合行政执法局，挂市综合行政执法支队牌子，为市政府工作部门。市局内设机构按照精干高效原则，设置了 4 个处室，即：办公室、政策法规处、综合协调处、督查信访处。局机关主要承担综合协调和业务指导工作。

同时，根据工作需要，市局在3个经济功能区（海洋产业集聚区、新城、普陀山）设置了派出机构——执法大队，分别承担市直管区域内的综合行政执法工作。另外两个经济功能区（金塘、六横），考虑到由两区管理，且与乡镇实行“区政合一”，相关执法工作由两区负责，并由两区派驻执法机构。

县（区）层面。县（区）设立综合行政执法局，挂县（区）综合行政执法大队牌子，为县（区）政府工作部门。县（区）环保局与综合行政执法局实行合署办公。

乡镇（街道）层面。设立县（区）综合行政执法局（县〈区〉综合行政执法大队）乡镇（街道）执法中队，挂乡镇（街道）综合行政执法办公室牌子，以县（区）局名义在管辖区域内开展综合行政执法工作。中队增挂乡镇（街道）综合行政执法办公室牌子，主要是为了进一步统筹协调基层的相关行政执法资源，在基层构建“综合执法＋联合执法”的执法监管体系，为经济社会发展提供有力保障。

（三）整合优化人员编制，发挥编制使用效益

2007年，舟山市在市本级和定海、普陀两区开展城管执法工作时，设立了城管执法局和城管执法队伍，按照当时城区管理的需要，共核定301名执法编制（其中17名行政编制、163名参公事业编制，121名全额事业编制）。岱山、嵊泗两县开展联合执法工作时，设立了岱山县城市管理综合执法大队、嵊泗县城市管理办公室（嵊泗县城市管理行政执法大队），核定69名执法编制（均为参公事业编制）。同时，基本按1∶2的比例聘用了辅助执法人员。在此基础上，舟山市主要从两方面整合优化人员编制，发挥编制使用效益。

从严从紧核定综合执法编制。按照“精简、统一、效能”原则，在省核定的行政编制总数和2012年底事业编制总数内，从严从紧核定综合行政执法人员编制。人员编制由两方面组成：一方面是存量，由原城管执法人员编制成建制划转，同时将2013年机构改革中按15％比例核减收回的环保、水利、住建（规划）、国土资源、人防（民防）、渔政、旅游等部门部分人员编制，主要用于综合执法，并实行专项管理；另一方面是增量，考虑综合执法内容拓展、执

法区域延伸，适当核增了部分执法编制。

目前，全市共下达综合执法编制 549 名（50 名行政编制、420 名参公事业编制，79 名全额事业编制）。其中市本级下达综合执法编制 118 名（15 名行政编制、83 名参公事业编制，20 名全额事业编制）。

坚持编制向基层一线倾斜。在执法编制配置上，坚持人员力量向一线倾斜，85%的执法编制配置到执法一线，使问题“在一线发现，在一线解决”。在制定“三定”规定时，要求各县（区）明确每个派驻中队的人员编制。另外，考虑执法工作点多面广、时间长，市与县（区）一般按 1∶2 的比例配备了执法辅助人员。

（四）实行市县两级执法体制

在管理体制上，总体按照“强化属地管理，夯实基层基础”原则来设置，以充分发挥基层政府在社会管理中的职能作用。

市综合执法局行使对县（区）综合行政执法局的业务指导；同时，市综合执法局与功能区执法大队，以及县（区）综合行政执法局与乡镇（街道）执法中队，原则上实行“条块结合、以块为主”的双重管理体制，业务由市、县（区）为主负责，日常管理（包括考核）由功能区管委会、乡镇政府负责。

（五）加强协作配合机制建设

一是建立健全配合协作机制。结合政府权力清单制度，合理划分业务主管部门和综合行政执法局职权权限，公开执法职权范围和运行流程，健全配合协作机制，保障相关执法工作无缝对接，当前初步建成五项机制：综合行政执法联席会议制度；综合行政执法案件移送制度；举报、投诉、信访配合协作制度；执法信息互通制度；综合执法保障机制。

二是建立健全执法资源共享机制。包括视频监控系统联网机制、车辆违停处罚系统共享机制、基础地理系统信息共享机制等。

三是建立健全监管职责分工机制。重点针对禁止类、限制类、需检测类、政策制定类等 5 个类别，对 533 项执法职能的监管职责逐项进行了明确。具体是：对需要行政审批的事项，明确一般由相关部门负责监管；相关部门需要综合执法部门联合监管的，将审批文件（包括不予审批的文件）及监管要求抄送至综合执法部门，之前由相关部门负责监管；需要行政审批的事项，相关部门因各种原因放弃审批的，明确由相关部门负责监管。对当事人违法不作为或不按时作为的事项，明确一般由相关部门负责监管。对资格、资质类以及技术规范类等通过行政审批（包括验收）可以发现的违法行为，明确由相关部门负责监管。对需要技术鉴定、检测才能确定违法行为的事项，明确由相关部门发现或受理举报、投诉的，相关部门在做出鉴定、检测结论后，移交给综合执法部门；由综合执法部门发现或受理举报、投诉的，综合执法部门应委托相关部门（或中介机构）做出鉴定、检测结论后，再进行处理。对禁止性事项，明确由综合执法部门负责监管。

四是建立健全综合考评机制。为促进相关业务部门积极主动做好执法协作配合工作，研究制定了综合考评机制，由综合执法局负责考评相关部门对“数字城管”下达的指令任务能否及时响应，配合协作机制、执法资源共享机制和监管责任分工机制是否有效落实等，考评分还纳入了市委市政府年度综合考评范围；同时，各相关业务主管部门对综合行政执法局职能履行情况也进行相应的考评。通过双向考评，形成了互相监督、相互促进的监管格局。

通过改革，舟山市初步建立了一套涵盖城乡、水陆的系统性的综合行政执法体制，尤其是加强了基层的执法力量。但在消除重复执法、推诿扯皮现象以及提升执法效率方面与预期目标仍存在较大差距。在接下来的改革中，舟山市应该进一步有针对性地深化执法改革，探索建立健全执法内容动态调整机制，进一步完善协作机制，进一步明确职责边界和协作配合任务，进一步夯实基层基础，进一步创新管理方式与执法方式，进一步加强队伍建设，使改革真正落到实处。

第四章　城市化的国际模式及其启示

城镇化模式与世界各国经济政治体制、经济发展及人口、土地资源等条件密切相关。按照市场机制和政府在城镇化发展过程的作用，可以将国外城镇化发展的主要模式概括为三种：一是以西欧国家为代表的政府调控下的市场主导型的城镇化；二是以美国为代表的完全以市场为主导的城镇化；三是以拉美、非洲等国家为代表的受殖民地经济制约的城镇化。

一、国外城镇化发展的主要模式

（一）西欧：政府调控与市场主导并重

在西欧国家，市场机制在城镇化进程中发挥了主导作用，政府通过法律、行政和经济手段，引导城镇化健康发展，城镇化、市场化、工业化协调互动，同步发展。工业革命前，英国城镇化率为3%左右，通过工业革命，英国、德国、法国等西方国家相继完成了工业化，有力带动了城镇化，1851年英国、德国、法国在不足100年的时间内城镇化率先后超过50%。在城镇化进程中，政府的有力行政干预改变了城市环境，使城市建设的法律规范得以建立和完善，如英国先后颁布了《公共卫生法》《环境卫生法》《工人阶层住房法》《住宅与规划法》等，政府在土地、住房、交通、环境和历史文化保护等方面出台公共政策，德国在城镇发展中坚持“既要考虑市场竞争，也要顾及社会和公共利益需要”的原则。

在城镇化的发展过程中，以英国、德国等为代表的西欧国家，充分发挥市场机制的主导作用，同时也注意发挥政府的宏观调控作用。这种模式主张，城镇化的发展应以市场为主导实现城镇经济的产业化发展，实现城镇社区的建设以及社会公共服务及基础设施配套建设。同时，在城镇市场化发展的过程中，在土地、住房、交通、环境等方面遇到的一些问题，政府应通过一定的行政和法律手段进行适当的宏观调控，对城镇化的健康发展加以有效地引导。比如，英国政府通过颁布相关的法律法规来引导城镇化的规范发展。“二战”后伦敦工业经济的快速发展，城市不断地向外围扩展，这给农业用地带来了巨大的压力。在此背景下，伦敦政府颁布了“绿带开发限制法案”，政府通过收购土地作为“绿化隔离带”的方式，引导城市建设用地的规范开发。同时，英国政府专门成立城乡规划部，避免了因城镇的迅速扩张而给经济、社会和环境带来的损害，形成了城镇化与社会各方面协调发展的局面。

（二）美国：以市场为主导

美国在短短的 200 多年的时间内，从前工业化进入了工业化、后工业化社会、信息社会。在城镇化过程中，市场发挥着至关重要的作用。美国政治体制决定了城市规划及其管理属于地方性事务，联邦政府调控手段薄弱，城镇化自由放任。美国城市人口主要是移民，城镇化率从 1700 年的 7%发展到 1890 年的 35.1%，伴随着工业化的迅猛发展和对西部地区的开发，城镇化水平迅速提升，1920 年达到 51%，1970 年达到 73.5%，美国人口、就业和投资开始从北部和东北部的制造业大城市向南部和西部的城市转移，1990 年其城镇化水平就达到了 75.2%。由于政府自由放任、“大城市病”等因素，城镇化按照市场需求发展，城市不断向外低密度蔓延，1970 年美国郊区人口超过了中心城市人口。城镇化过度郊区化，造成土地资源浪费严重、通勤成本高、出行时间长、生态环境破坏愈演愈烈、资源能源消耗过大等后果。

在城镇化的发展进程中，美国强调城镇的发展应完全由市场主导和调节，政府应较少进行行政干预或调控。这种模式下，城镇化发展的主要动力是市场的需求，城镇的兴起是市场经济发展的选择。“二战”后，美国市场经济的快速发展和对西部地区的开发推动了城镇化的迅速扩张，美国的城镇化率在 20 世纪 70 年代就已超过 70%。然而，这种完全市场化的城镇化发展模式给社会带来了一系列的问题。由于政府没有及时对快速发展的城镇化加以有效的引导，造成城镇化发展的自由放任的发展态势，并让美国政府为此付出了高昂的代价。突出表现是过度郊区化，城市不断向外低密度蔓延，城镇建设无序，土地资源浪费严重，生态环境破坏严重，空间和社会性结构问题也日益突出。

（三）拉美：缺乏产业支撑的过度城镇化

拉美和加勒比海与非洲大部分国家的城镇化与这些地区长期沦陷为西方列强的殖民地有关，在外来资本主导下的工业化与落后的传统农业经济并存，工业化落后于城镇化，政府调控乏力，大起大落。

20世纪初拉美城镇化进展显著，大城市的人口每十年翻一番，1990年拉美和加勒比海地区23个国家平均城镇化率高达71.4％。非洲城镇化从20世纪20年代开始加速发展，喀麦隆的城镇化率从1950年的9.8％上升到1990年的40.3％，同期利比亚从18.6％上升到82.4％。在该模式中，工业化赶不上城市化进程，属于“过度城镇化”。首都人口过于集中，整个拉美地区1990年超百万人口大城市有36个，约有1/3的人口居住在百万人口以上的大城市，并拥有3个超过千万人口的超级大城市。过度城镇化造成就业水平持续下降，城市贫困人口空前增加，城市必要的基础设施严重短缺，环境恶化，贫民窟增多。

在历史上，拉美、非洲等一些国家长期以来受到西方国家的殖民统治。在此背景下，拉美、非洲等国家的城镇化表现出一定的独特性。以外来资本为主导的工业化发展中，大量的农村居民向城镇集中，带动了国家的城镇化发展进程。例如，第二次世界大战后，拉美国家的城镇化获得快速发展。1950年世界各国平均的城镇化率是28.8％，拉美国家城镇化率41.4％，世界排名第四。在20世纪80年代初，拉美国家的城镇化水平已经居发展中国家之首，城镇化率达到64％，到2012年城镇化率高达80％。城镇化水平与西方国家接近，而其工业经济却远远赶不上西方国家的发展速度，因此，这些国家的城镇化属于典型的“过度城镇化”，城镇化的发展水平远远超过了经济发展的水平。一方面，在城镇化的发展中，政府没有进行有效的宏观调控，没有有效利用外来资本发展自身的民族工业，城市产业经济发展低迷；另一方面，这些国家注重利用外来资本发展工业经济，忽视了农业经济的同步发展，城乡差距加大，使得大量农村人口向大城镇流动，导致“大城镇病”，城镇在居住、交通、环境等方面出现一系列的问题。比如，拉美地区的墨西哥城，在 2012 年城市面积约 2 018 平方千米（含附近的 17 个城镇），而其人口高达 2 000 万（含卫星城）。但是，城市在住房和医疗卫生、交通、水电等基础设施和服务上没有跟上，使得墨西哥城出现大量的“贫民窟”，城镇化混乱，社会不稳定因素增加。

以巴西为例。巴西是个农业国家，农业在其国民经济中占有重要的地位，其整个经济建立在出口农业的基础上，咖啡种植业在其国民经济中一直占有重要的位置。从 19 世纪初起，随着咖啡种植、运输及出口产业的发展，巴西出现了原有城镇规模扩大、新城镇不断涌现的高潮。

总之，在国外的城镇化发展过程中，既有经验，也有教训。第一，欧洲发达国家走过一条工业化推动城镇化、城镇化促进工业化的发展道路，实现了经济、社会的良性发展，其中政府的调控作用功不可没。第二，美国城镇化与农业现代化互动，通过农业革命促进农业生产率提高，为城镇化提供粮食基础保障。第三，取消限制人口自由流动的制度障碍，实现劳动力有序自由流动，为城镇化提供制度保障，这些经验值得借鉴。但是，美国“过度郊区化”、政府放任自流，任其发展，拉美国家“过度大城市化”、城镇化超前工业化等教训要引以为戒。

二、对我国推进新型城镇化的启示

（一）城镇化模式具有多样性，避免“一刀切”

从世界城镇化发展历程来看，城镇化的模式具有多样性，每一种模式都具有各自的优点和缺陷，都具有自身适合的环境和条件，因此，要坚持一切从实际出发，实事求是，结合各地的实际情况来选择城镇化的模式和路径，绝不能搞“一刀切”，也不能搞运动式的城镇化道路。要坚持农民自愿与动员发动相结合，鼓励和尊重群众的首创精神，不能依靠行政、甚至暴力的手段来迫使农民“被上楼”。

（二）坚持经济发展与城镇化协调推进的战略

城镇化的过程有其内在的规律性，城镇化的发展必须与经济发展水平相协调。城镇化的发展实际上是更多的资源聚集到一个相对固定的区域，而这一区域必须有相适应的经济发展水平来容纳这些要素，为这些要素提供适当的发展空间。换句话说，必须有足够的剩余产品来满足城市人口的生存和发展需要，而这必然以经济发展为基础。如果没有经济发展作为基础，片面地盲目地追求城镇化，往往会导致贫民窟的出现，并会限制城镇化的发展。这是我们今后在推进城镇化的过程中必须要注意的，否则就可能重走拉美国家的老路。

（三）城镇化过程中要坚持政府引导与市场主体相结合

城镇化的过程本身也是一种资源配置状态和模式的改变，在这一过程中，政府应该发挥积极的引导和制度设计功能，通过基础设施完善、公共服务水平提升、生态环境改善、生活水平提高等途径来吸引各种要素和人员实现在城镇聚集，要围绕发展方式转变和经济结构调整、土地节约集约利用、户籍和社会管理、资源环境保护等问题，加大政府的干预和公共政策供给，完善相关的制度法规，以推动城镇化的开展。同时，要坚持以市场为主体的原则，逐步放松制约资源流动的各种障碍和约束，调动各个市场主体的积极性，依靠市场的活力和强大的生命力来为城镇化建设提供保障。

（四）城镇化发展需要处理好与城镇社会治理，尤其是人口的城镇化、公共资源优化配置、城镇生活环境等的关系

拉美国家的城镇化教训表明：简单的人口向城市集中，并不是城镇化的目标。以人为中心的城镇化，需要通过政府良性的公共政策引导和规范，尤其是在满足大规模的城市居民对公共服务需求方面，城镇的公共资源配置、公共服务供给应该要有合理有效的应对机制。韩国、日本的经验表明：通过加大对城乡基础教育与职业教育的培训和资源投入，能够有效地提升城镇化后农民的技

能和素质，保证农民在成为市民之后有较好的生存发展能力。同样，在城镇生活环境的建设上，西方发达国家注重提高土地利用率和绿色生态建设。以德国慕尼黑为例，其在城市建设策略中非常强调紧凑与绿色的特质，市区建设中30％～50％的用地为公共设施、绿地和交通用地，住区容积率也保持较高的比例。

（五）城镇化发展充分发挥政府、市场与社会多元主体的力量

西方国家的城镇化发展并不是政府作为单一主体作用的结果，相反，在城市规划、公共资源配置、公共政策设定、社会问题应对等方面，都积极引入政府、市场、社会等多元主体。欧美国家的政府在城镇化发展上更加注重在法律、规则制定方面提供方向引导，而不直接干预城镇化的过程。以美国为例，其联邦政府在城镇化、城市发展上权力较弱，而引导城镇发展的主要力量集中于地方政府、社区，市场调节、社区居民的自治特征比较明显。

第五章　发达国家城市管理的主要经验

本章主要通过对国外发达国家城市公共行政管理的做法、城市管理中具体组织实施的社区管理，公共基础设施的管理，以及国外城市管理的发展趋势等方面进行研究，总结其主要做法和基本经验，明确城市管理的发展方向和发展趋势，以供参考借鉴。

一、发达国家城市管理改革的主要趋势

西方国家随着一系列经济体制改革的推行，政府的城市公共行政管理方式也随之发生着变革，呈现出以下趋势。

(一) 政府部分行为的企业化

20 世纪 70 年代以来，政府部分管理行为的企业化成为很多西方国家的政府组织思想。这是因为国家经济活动的现代化和社会活动的集中化，使政府职能含义和管理范围有不断扩大的趋势，但由于经济有限增长的限制，政府难以维持日益增长的巨大的财政支出。由此，政府开始寻找挖掘自身潜力的路子，也就是像企业那样，创造最大限度的生产效率。进入 80 年代以后，以这种管理思想为背景的管理性商业模式更受到了人们的重视，并且被一些国家所采用。在英国，地方政府把所有的服务行业拿出来作竞争性招标，并把大批的公共住宅出售给住户。还有，运用凭证和合同形式将大部分公营的职业训练系统从政府机构中划分出来，进行企业化经营，把当事人视作顾客，向用人单位进行市场化的推销。在新西兰，工党在 20 世纪 80 年代领导了一次福利状况大检查，然后把政府的许多经营性部门改组成商业企业，如能源、运输、银行、保

险、林业、通信、广播和邮政等[①]。

（二）城市公共行政管理的分权化

现代社会生活日益复杂化、专业化、区域化，社会生活节奏和变化频率也在不断加快，这就使得庞大的政府机构提高自身的灵敏度和灵活性成为社会公众的一致要求。在这一背景下，进入20世纪80年代以后，西方许多发达国家的政府都开始实行分权的政策，例如法国的社会党政府发布了“权力下放法案”，美国里根政府则实行“还权于州”的计划等[②]。

从实践的结果来看，分权化以后产生的积极作用是显而易见的。其一是分权的机构比集权的机构更具有灵活性，对于急剧变化的社会生活则体现了较强的灵敏度，随机处理事务的能力较强。其二是分权的机构比集权的机构更具有创新动力，因为分权以后的政府机构之间也带入了竞争的理念，强化了责任感，因而也提高了工作效率。

（三）虚拟政府的趋势

自由市场经济好还是政府宏观干预好的问题，一直是西方不同经济学派争论不休的问题，不同的政府上台也会采取不同的经济政策。但是进入20世纪80年代以来，新古典经济学占了上风，经济的市场化成了一种潮流和趋势。在其影响下，西方国家公共行政管理改革的市场化走向趋于明朗，出现了所谓虚拟政府的趋势[③]，即地方政府通过委托、授权、承包、合同等形式，把政府的职能转移给社区、企业和个人，而政府只负责监督的一种组织形式。如英国地方政府提供的治安、防火、公立学校、家庭福利、消费者保护等机构，通过改革把有些机构直接承包给社区，或者通过合同租给私人。这样既节省了政府开支，降低了行政管理费用，又提高了效率。

---

① 林流：《新时期社区建设与管理》，上海：上海人民出版社，1997年。
② 张学兵：《特大型城市管理的新模式》，上海：上海人民出版社，1998年。
③ 张学兵：《特大型城市管理的新模式》，上海：上海人民出版社，1998年。

二、发达国家社区管理的主要模式与特点

城市社区管理涉及的基本关系是政府行为与社区行为的相互关系。各个国家因为具体情况不同，社区管理模式差别很大。在众多的管理模式中，较为突出的有以新加坡为代表的行政主导型模式、以日本为代表的混合模式和以美国为代表的社区自治模式。三种模式反映着政府和社区行为的紧密或松散程度。相对来说，欧美国家政府和社区行为关系松散，亚洲国家则较为紧密。

（一）发达国家社区管理的主要模式

1. 政府主导模式

政府行为与社区行为的紧密结合，政府对社区的干预较为直接和具体，并在社区设有各种形式的派出机构，社区管理的行政性较强、官方色彩较浓。新加坡是政府主导模式的代表。政府直接对社区进行管理，社区内存在公民咨询委员会、社区中心管理委员会和居民委员会三个组织。政府对社区管理进行直接和具体的干预，社区居民民主参与意识淡薄。在新加坡，政府中设有国家住宅发展局负责对社区工作的指导和管理，其主要职能包括①：（1）对住宅小区、邻里中心和社区中心及其公共服务设施的规划；（2）对社区领袖和居民顾问委员会、社区中心管理委员会及居民委员会等社区组织领导人进行培训；（3）为居民委员会提供场所和设施，沟通政府与社区的联系渠道；（4）发起某些社区活动，倡导特定的社会价值观；（5）对社区建设予以财政上的支持。

2. 社区自治模式

政府行为与社区行为相对分离。政府对社区的干预主要以间接的方式进行，其主要职能是通过制定各种法律法规去规范社区内不同集团、组织、家庭和个人的行为，协调社区内的各种利益关系，并为社区成员的民主参与提供制度保障。而社区内的具体事务则完全实行自主自治，与政府部门并没有直接的

① 程玉申：《中外城市社区管理模式研究》，《社会学研究》1998年第4期。

联系。在这种模式下，社区发展规划仍是由政府部门负责编制并拨款加以实施的，但规划过程却充分体现了自上而下与自下而上相结合的原则。美国是典型的社区自治模式。美国的市是州政府的分治区，市政体制采用的是“议行合一”或“议行分设”的地方自治制度，实行高度民主自治，依靠社区自治组织来行使社区管理职能。政府在社区不派出组织或机构，社区居民自发组成社会团体行使社区管理职能。在社区管理中，强调人与自然之间的和谐，致力于为社区居民提供高质量的生活。美国社区管理基本上是由政府规划、指导和资助，具体的实施和运作由社区来进行。由于最高法院根据宪法修正案裁定：只要不影响区域或国家的整体发展，每个社区都有权决定自己的特色①。因此，涉及社区建设的规划编制和修改、土地利用法规和开发计划的审批等，都要举行听证会征询社会成员的意见。

3. 混合模式

政府对社区发展的干预较为宽松，政府的主要职能是规划、指导并提供经费支持，官方色彩与民间自治特点在社区发展的许多方面交织在一起。日本是这一模式的代表之一②。在日本，以地域为中心，地域类似于我国的街道办事处。地域中心是政府的行政管理机构，地域中心由政府拨款。社区管理在政府的指导监督下进行，体现为民服务的意识，同时呈现民主化自治的趋势。在政府系统中，由自治省负责社区工作，由地方政府设立“社区建设委员会”和“自治活动课”等相应机构。在城市基层社区层面，日本设有“町会联合会”和“町会”这两个层次的带有行政色彩的自治组织，它们在许多方面分别发挥着类似我国街道和居民委员会的作用。町会联合会的职能主要包括垃圾的收集和清运、青少年教育，并与警察机构和地方政府组成联合防范协会改善社区的治安状况。町会则承担了大量与社区成员相关的日常事务，主要包括环卫管理、青少年教育、社区治安、办理国民健康保险、办理社会福利、代收税款以及对保释人员的教育跟踪和刑释人员的就业安置等。

---

① 林流：《新时期社区建设与管理》，上海：上海人民出版社，1997年。

② 田晓虹：《日本社区建设管理》，《学术月刊》1996年第12期。

（二）发达国家和地区城市社区管理的主要特点

1. 政府高度重视

社区是城市的基础，是城市的组成单元，没有社区就没有城市，发达国家政府基于这样的认识，对社区管理给予高度的重视。无论是在高度自治的美国模式里，还是在混合的日本模式里，政府都高度重视社区管理。在美国，市政府里有社区服务局，负责引导、协调社区工作。在日本，政府的主要职责是规划、指导并提供经费支持。

2. 社区居民积极参与

社区管理体现居民意志，为居民服务。在美国等西方发达国家，政府通过居民自治组织、社会团体等来管理社区，因此，社区居民的广泛参与是政府有效管理社区的前提。国外社区发展坚持以人为本的价值取向，切实保障居民的权利，居民参与管理和建设的积极性较高。

3. 社区自治普遍

发达国家社区普遍实施自治，社区居民自我管理。在美国，由社区管理委员会负责反映民意，负责社区和政府之间的沟通，负责提出解决问题的办法并实施。委员会成员都是从社区志愿者中直接选举产生的，义务进行社区管理。英国社区居民自治通过建立居民自治管理中心的方式来实现。自治中心对社区进行自我管理，负责社区与政府之间的沟通。

4. 非营利组织积极参与

在发达国家，非营利组织广泛参与社区管理。美国非营利组织的宗旨是满足社区居民的需要，非营利组织的成立需要经过政府严格的审批程序。英国政府也把很多社区服务方面的事务转给民间团体和私营机构。

5. 社区管理依法进行

政府具有管理社区的职能，社区管理有自身的规律性。政府管理社区也要依照这些规律来进行，并依照根据这些规律制定的法律来进行。发达国家普遍法律制度健全，社区管理依法进行，政府和社区组织的权利和义务都从法律上做了明确的划分。

三、发达国家城市公共设施管理的主要模式

城市公共设施是指面向公众开放，为公众提供多方面公共服务的设施和设备的总称。城市公共设施属于公共产品范畴，同时，城市公共设施还具有地域性的特征。公共设施管理属于城市管理的内容和范围，从对西方国家城市管理模式的梳理和考察来看，城市公共设施的管理主要有服务型政府模式、共同参与模式、企业化模式和福利模式。①

(一) 城市公共设施管理的服务型政府模式

美国戴维·奥斯本与特德·盖布勒在所著的《改革政府》中提出了“企业化政府”模式（即“新公共管理”模式）。该模式的特点是强调建立消费者导向型的政府，将政府服务对象视为消费者，争取消费者的最大满意度。在此种模式下，政府不再是凌驾于社会之上的、封闭的官僚机构，而是负有责任的“企业家”，公民则是“顾客”或“客户”，政府应满足顾客的需要，而不是官僚政治的需要，将资源集中于对顾客的服务，并提供多样的选择。政府对公共问题的解决处于引导的地位而非事必躬亲，政府的职责是掌舵而不是划桨。服务型政府模式要求对传统的城市政府的理念、职能和作用进行充分的反思，要认识到城市利益相关者或城市消费者对于城市发展的重要性。以顾客或市场为服务导向，就是公共服务提供从政府本位、官本位向社会本位、民本位转变②。

(二) 城市公共设施管理的共同参与模式

按照现代“治理理论”观点，国家事务和公共事务的管理应当抛弃传统的

① Pierre J. Models of Urban Governance: The institutional Dimension of Urban Politics [J]. UrbanAffairs Review, 1999, 34 (3): 372-396.

② 戴维·奥斯本，特德·盖布勒：《改革政府：企业精神如何改革着公共部门》，上海：上海译文出版社，1996，第18—38页。

政府管理的单一主体模式，而转变为由政府和非政府组织（或第三类组织），以及社会公民共同管理的多主体模式。换句话说，现代社会是个多元化的社会，存在着多元的社会主体，多元化社会的事情就应该由多元社会主体共同来做，即政府之外的其他社会组织和公民同样具有管理社会和城市的义务。该模式的实质是政府与社会公众共同参与管理城市公共设施，实现城市公共设施管理主体的多元化，因而城市的兴衰与城市“利益相关者”荣辱与共。良好的城市公共设施管理，不仅需要高效率的政府，也需要社会公众的参与。此模式意味着从公共设施完全由政府部门提供和管理转变为政府利用社会的力量由政府、社会自治和半自治组织以及社会公众共同参与管理公共设施。明确利益相关者是提高公众参与有效性的基础，要体现客观、公平、公正的原则。

（三）城市公共设施管理的企业化模式

该模式强调要将市场和竞争机制引入公共部门。此种模式的主要做法有：一是引入市场竞争机制，利用市场主体和市场力量来执行某些公共设施项目，参与建设经营，并利用市场竞争压力，促使服务提供主体降低服务成本，提高服务质量，以实现公共服务的“准市场化”。凡是属于经营性或竞争性的项目，都可以通过公共招标、内部竞争、合同外包等市场方式营造市场竞争机制。二是政府下放决策和执行权力，将大量的服务职能下放给低层机构、私营部门或半私营部门来承担，迫使公共部门无法进行垄断性控制，从而达到降低成本、减少服务费用、增加服务种类、提高服务质量的目的。三是将不必由政府承担的职能转移给各种社会组织，通过提供资助补贴、减免税收优惠等方式，引导非政府组织和私人部门提供和管理某些公共设施项目。一些私营部门、独立机构、社会自治和半自治组织等组织都将成为公共物品及服务的提供者，为提供相同的公共物品和服务展开竞争，以及提供有效的管理服务①。

---

① Vanden Berg，L. and Braun，E. Urban competitiveness marketing and the need for organizing capacity，Urban Studies，1999，36（5～6），987-999.

（四）城市公共设施管理的福利模式

"二战"后，受社会经济环境影响，西方国家普遍建立福利国家制度，实现全民福利化，认为政府作为社会公共服务的唯一提供者，应该保障居民享受较好的物质生活设施。因此，在福利型国家出现了公共设施供给和管理的福利模式，公共设施供给和管理的参与者是国家和地方政府机构，国家是最大限度的供应者，地方政府极度依赖上级政府的财政支出。比如，在瑞典这个"全民福利国家"中，政府全力履行其"公共服务"职能，致力于提供公共产品和公共服务，建立相当完备（也较昂贵）的社会福利设施，其他一切经济活动均掌握在私人企业手中。当然，瑞典造就的"全民福利国家"是通过再分配靠巨额公共支出支撑的，公共支出在国内生产总值中的比重迅速膨胀。

上述这些模式的概括并非是十分完善的，有些只是从一个特定的角度对于不同区域的、不同发展阶段的城市公共设施管理的抽象概括，现实的城市政府至少具有两种甚至更多种模式的特征。上述四种公共设施管理模式具有共同特点：一是注重政府与非政府力量的关系。政府部门已不单纯地将城市公共设施的建设和管理完全看作是政府的事，而是善于利用社会各方面的力量；二是关注市民社会在公共决策中的角色，特别突出广大的城市居民和公众在城市治理中的参与性；三是强调城市公共服务供给过程中市场的力量，将市场和竞争机制引入到城市公共服务活动中来，利用产业化、企业化的方式提供公共设施服务。

典型的城市公共设施管理模式并非是完善的模式，上述四种公共设施管理模式都存在着各自的局限性。企业化模式越往高层其有效范围会变得越窄，另外，由于企业的自利性，容易导致为了利润而放弃既有的公共利益承诺。服务型政府模式从政府发展理念上认识到了城市利益相关者或城市顾客对于城市发展的重要性，但是它仍然没有彻底摆脱自上而下的公共服务模式。因为它将改善政府服务视为政府职能转变的单方面行为，而不是与利益相关者之间的双向互动过程。共同参与模式主张让利益相关者共同参与管理，但政府如何进行组织协调，大部分城市不具备该模式所要求的弹性，而且参与者的选择对城市政府来说也是一个极不确定的因素。福利模式较常见于福利型国家，地方政府极度依赖中央政府的财政支出，国家最大限度地成为供应者，是四个模式中包容性最小的模式。

四、发达国家城市管理的主要做法与经验

国外特别是欧美发达国家，政府在城市管理方面积极探索，不断创新城市管理理念和管理手段，积累了丰富的城市管理经验。从整体上看，国外发达国家城市管理依法而治，遵循其各自的历史和文化传统，蕴含着浓郁的人文内涵，体制较为完善，管理井然有序。其城市公共管理的主要做法和经验有：

（一）通过立法明确中央与地方城市管理职责，各级地方政府依法管理城市

大多数发达国家都非常重视通过立法加强对城市的行政管理。一般由中央政府主要负责制定城市管理方面的政策、起草有关法律，并提供城市建设和管理所需要的资金。在立法上，国家主要规定城市管理的原则和要求。按照法律规定，城市政府结合本地的实际情况，就其所管理的事务，制定具体实施办法。如在英国，议会是立法机关，负责制定或者修改、废止城市建设和管理方面的法律，行政机关依照法律规定行使城市管理权。主要法律有：1947 年制定 1990 年全面修订的《乡镇规划法》、1988 年的《住宅法》，另外还有《土地征购法》和《土地补偿法》。在瑞典，其法制比较健全，公民都很守法，城市管理都井井有条，体现出现代化的管理水平。如在城市交通中，司机让行人的事例天天可见。只要见到有红绿灯路口，当地司机一定先让行人过马路。凡是禁令停车的地方司机肯定不敢停车否则会被重罚。开车的司机也都非常遵规守矩。在俄罗斯，首都莫斯科市为了满足日益紧张的发展空间问题，2011 年 7 月特别会议通过了《莫斯科市与莫斯科州行政边界变更协议》。根据这一最新行政边界划法，莫斯科市在此次行政边界变更后将增加面积 3.95 平方千米。这个协议还要提交莫斯科州议会和俄罗斯联邦委员会讨论表决通过才能生效。

（二）多渠道筹措资金，推进城市管理的社会化和市场化

1. 多渠道筹措城市建设资金

城市建设资金一是靠政府投资，重点是城市基础设施；二是靠税收，有些税种制定得比较科学；三是鼓励全社会投资。

2. 实行城市管理社会化

实行城市管理社会化是社会化大生产的客观要求。在欧美国家，凡生活福利设施以及其他公共设施的建设和运营，都是作为城市的独立行业出现的，专业化程度非常之高。职工的起居生活全部由社会来管，没有一个企业自己设置基建队伍和房产管理部门，如有需要则临时雇佣专业化队伍承担，明确的社会分工带来了高效率。

3. 运用地价调控经济行为

在规划蓝图中，一般已经规定了不同土地的价值和用途，而城市土地都是按质论价的，地皮价格按城市发展程度和建设地段不同而拉开差价。城市土地的按质论价（级差地租），可以起到自发调节城市布局的作用，对统一城市规划、更新改造旧区都有着不可估量的功效。

4. 大力发展服务性行业

大力发展服务性行业，把以前属于“消费”范畴的城市市政建设、公用事业都纳入了生产范畴。在国民生产总值中，服务行业的比重逐年提高，美国在1997年已达到63%，荷兰在1975年已达到58%。服务行业的发展，既能改善市民生活质量，又能增加国民收入，还能为城市管理创造一个良好的外部条件。

（三）政府机构精干，办事效率高

瑞典斯德哥尔摩市，拥有人口73.6万，市议会和市政委员会是该市最高领导机构，议会议员共有101人，下设18个市区管理部门，雇请公务人员1 000多人。议员按规则每月举行两次大会，每次会议均以提问和质询开始，

然后对各个动议以及事项进行讨论并做出决定。斯德哥尔摩市政委员会所有的大会都是向观众开放的，有观众席旁听，有地方广播电视现场直播。斯德哥尔摩市议会相当于斯德哥尔摩的“国会”，在斯德哥尔摩市政厅举行的市议会大会上，对市政府下属各委员会和厅局起草的事项进行讨论，最后的决策由行政管理部门执行，因此从机构设置到人员配备，可以说非常精干。同时从斯德哥尔摩市的城市建设和管理上看，其政府的办事效率也相当高。政府在决策重大事项时，会充分听取市民意见，议而有果，决而有行，且必须在规定时限内向市民有所交代，一切运作顺畅有序，富有成效。即便是在瑞典的国会大厦，当举行有关国事国政的辩论会时，哪怕只是一个普通公民都可以来此旁听。

五、发达国家城市管理对我国的启示

（一）科学合理地分层级履行城市管理职责

大多数发达国家的中央政府和地方政府，分别承担了城市行政管理中的不同职责。这样既有利于发挥中央政府从全国的、历史的角度，科学定位城市的长远规划和长期发展目标，避免短期行为；又有利于充分调动地方政府的积极性，结合本地实际情况，管理好具体城市事务。目前，我国的城市管理工作基本由地方政府承担，建议科学合理地设计中央政府和地方政府权限，分层级履行城市管理职责。

（二）城市管理坚持依法行政和高效管理

大多数发达国家，特别是欧洲国家，城市管理效率高，管理规范有序。譬如，在瑞典，在城市管理方面有完善的法制，从大的城市规划、建设、市政设施配套到小的日常环境保护、环境卫生管理、有害生物防治、疾病防治等都有详尽、具体的管理法规。从社会环境上说，瑞典是一个法制比较健全的国家，瑞典公民都很守法，由于公民守法，城市交通、城市管理都井井有条。当今，我国大力倡导依法治国，我们要切实加快城管法规的立法步伐，真正做到管理有法可依，严格执法，切实提高城市管理水平。

（三）构建多元城市社区组织管理体系

我国城市社区管理必须从结构上对管理体制进行调整，遵循“社会化、协调性、专业化、法制化”的原则，从两个层面上着手构建全新的“小政府，大社会”的多元互动的城市社区组织管理体系：一是从社区组织结构着眼，根据社区内部各要素的有机联系，重构合理的社区体系；二是根据社区发展的需求，重建新型的社区组织，并赋予其独立法人地位。

按照“以人为本，可持续发展”的原则，根据其内容制定社区发展的长期、中期、短期规划。规划的制定应有社区居民的参与，并且体现满足大多数居民的利益。

健全的法制是社区管理规范化的前提。当前，我国城市社区管理的一个重要问题就是法制不健全。为适应新型城市社区管理模式，必须制定和完善有关社区管理的法规，以法律形式确定各社区组织的职能关系，推动社区管理的法制化、规范化，使社区管理步入规范化管理轨道。

在我国城市社区建设过程中，应大力培育和发展社区非营利机构，不仅可以承担社区的大部分管理与服务工作，同时还能够创造大量新的就业岗位。逐步实现社区管理主体的多元化，包括政府、社区居民自治组织、介入社区发展事务的大量非政府组织和社会团体等。

提高社区居民参与管理的积极性。居民是社区的主人，居民对社区事务的参与是社会责任和社会权利的统一，既体现了居民对社区发展、公共事务的一种责任，又体现了其在社区管理方面享有的权利。要提高居民参与意识，切实保障社区居民依法管理社区事务的权利，促使居民积极参与本社区的公共事务，提倡社区成员间的互助合作精神，提高社区的自我管理能力；同时切实保障社区居民的知情权和监督权。

社区管理逐步向社会自治转化。首先要明确政府职能，政府职能在于规划、协调、指导并提供经费支持。政社分开，社区组织不是政府的附属物。逐步形成社区居民自主管理社区事务的局面，提高居民参与意识，通过建立社区成员代表大会、社区事务协商制度及选举社区领导人活动，提高社区的自治能力，进而提高全社会的民主程度。同时要注重社区整合，建立良好的社区内部关系，充分动用各种社区资源和社区管理手段，协调各组织间相互关系，使其相互促进，实现社区的全面发展。

(四) 创新我国城市公共设施管理体制与机制

1. 深化城市公共设施管理体制的改革

城市公共设施管理体制应在宏观和微观层面同时进行改革。城市管理要从总体上宏观调控政府行业管理部门，重点编制行业发展规划、制定行业规范、标准，监督检查有关法规执法情况，同时做好组织、协调、推动与服务工作。在公共设施的管理机制方面，加强对规划、建设和管理部门的协调，以建立有序化管理模式。要加快改革公共设施项目的投资管理体制，实现政府社会管理职能与投资职能分开，树立政府引导、社会参与、市场运作的总体改革目标。建立投资信息发布制度，完善公用事业监督管理体制；建立政府投资决策咨询制度，提高政府投资的科学化、民主化、法制化水平。对政府投资领域进行细化分类界定，明确政府投资主要集中在非营利性项目，优化配置国有投资，强化市场对国有企业投资主体的激励约束，大力培育民营资本等社会投资主体。

发达国家的实践表明，由于技术和管理的创新，使得公共设施领域实行竞争性经营的范围越来越宽。根据我国城市公共设施行业的性质，城市公共设施管理体制的微观改革可以分两种情况进行：第一，在当前和今后相当时期内必须是垄断性经营的企业，如排水及地铁，主要是进行企业内部机制和管理上的改革，可在企业内部采用竞争性承包的方式。同时，政府和社会加强对企业的监督，以克服垄断经营所带来的弊端。第二，能够多家经营的，如公共交通、液化气和部分城市供热，这些行业应面向社会、面向市场，采取多家企业承包经营的方式，形成多渠道、多部门的竞争性格局。对具有明显自然垄断性和规模经济特点的公共设施，只能由一个或几个企业经营时，政府就要对潜在进入经营者严格限制。

2. 推进城市公共设施管理的市场化进程

在国际上，引导利用私人资本或由私营企业融资来提供传统上由政府提供的公共设施和社会公益服务的项目日益增多，“公共设施私营化模式”是一个发展的趋势。随着市场经济的发展，我国应逐步将具有商品属性的城市公共设施纳入市场经济秩序中，凡是有可能实行企业化管理的，都要转为企业，进入市场参与竞争。但是这种向市场经济体制转变的改革不可能一步到位。积极探索投融资、建设、使用、维护等全过程的体制创新，实现从政府投资行为到市场化、社会化行为的转变。探索建立与国际接轨的建设与经营新模式。建立新型的政府与企业间委托建设、代理经营关系。政府授权或委托国有专业公司统一负责建设、代理经营的新型关系。探索通过政府招标、政府参股、采取特许经营等形式，鼓励私人部门进行公共设施的建设与管理，允许特许企业在政府授予一定期限内某类公共事业的开发经营权（即特许经营权或称特许权、专营权等）的前提下对公共事业进行经营活动，鼓励公共部门和私人部门在公共产品供给和公共服务提供方面建立良好合作的伙伴关系。

3. 动员社会公众参与城市公共设施的管理

不管是城市政府的职能转变，还是在公共服务中引入竞争机制，都需要参与城市管理多元化主体的存在。中国的城市管理要实现以政府为主导，有第三部门组织、营利性企业和社会公众等多元主体参与的城市管理主体模式，就必须大力培养政府以外的其他形式的多元主体。发挥社区组织、行业协会、营利性组织和社会公众的城市管理功能。素有民主优良传统的西方各国，一贯较重视听取民声，反映民意，重视城市公共设施管理中的公众参与。公众参与城市公共设施管理在美国已经作为一种社会民主制度，它反映在政府决策的程序中，在制度上对公众参与城市公共设施管理作了保证。因此，全社会要形成合力，统一认识，建立起开放的公众参与制度，并纳入到战略制定的程序中来。严格实行民主、科学的投资决策、咨询制度，重大项目实行专家评估制度、市民公示制度和听证制度。另外，要开展各种形式的教育，提高市民素质及参与城市建设管理的能力。提升市民文化水平，增强现代市民意识。

4. 切实加快城市公共设施管理信息化进程

城市公共设施管理信息化是城市管理信息化发展的必然选择，是实现政府职能转变的必然要求，是提升城市管理效率与服务能力的重要手段。城市公共设施管理信息化包括城市公共设施相关管理主体的信息化和城市公共设施相关管理物质对象的数字化。城市公共设施管理主体信息化要求城市政府等相关管理主体广泛采用计算机网络技术、现代通信技术等信息化手段，实现其内部办公自动化和各专业部门间的网络互联，以提高信息沟通能力和整体运行效率。建立和完善城市电子政务系统和城市应急联动系统。城市公共设施管理物质对象的数字化要求城市公共设施管理活动中，将相关管理对象的地域特征、形象特征、属性特征等数字化，并将这些数字化的特征采用计算机、网络等信息技术手段，进行存储、传输、整合、分析，最终以文字、音像、图形等形式输出，作为城市公共设施管理的技术依据，以维护和拓展城市综合功能，建立完善的城市地理信息系统和数字城市系统。

第六章　创新我国城市行政体制的三大方向

行政体制是国家体制的重要组成部分，属于上层建筑的范畴。行政体制创新是推动上层建筑适应经济基础的必然要求。改革开放以来，我国城镇化实践不断发展，经济基础发生了广泛而深刻的变化。为适应经济基础的变化，中央提出了一系列推进城镇化的方针战略，行政体制改革不断推进，为城镇化发展提供了重要保障。但总的看，我国现行的城镇体制带有明显的计划经济体制烙印，城镇体制与城镇化发展的新阶段、新要求、新趋势还很不适应，在很大程度上制约了城镇化的发展。这种不适应一方面表现为纵向行政层级过多，行政管理信息失真、效率不高、财权与事权失衡；另一方面，表现为城市间合作机制不健全，不同城市间存在明显的行政分割现象，限制了区域经济社会事业的协同发展，急需改革。

一、积极推进中小城镇行政区划改革

《国家新型城镇化规划（2014—2020）》提出，要“促进各类城市协调发展”，“加快发展中小城市”。习近平反复指出，近期推进新型城镇化要重点解决“三个一亿人”的问题。研究表明，我国20万人口以下的小城市和小城镇，集聚了全部城镇人口的51%，其中县级单元聚集了54.3%。换言之，要实现一亿人就近城镇化的艰巨任务，就必须首先解决中小城市，尤其是中西部小城市建制的问题。

根据我们的研究，城市化进程中，目前最突出的问题是县的出路问题。之所以如此，主要是对于城乡关系存在某种固化、教条的理解。各方均认识到，新中国成立以来就执行的先城后乡、先工后农的战略已经给中国社会，尤其是中国农村带来了严重的破坏性影响，以城带乡、工业反哺农业成为共识。这也体现在近年来党中央多次以“一号文件”的方式表达对于农村问题的高度重视。但是，落实到具体层面，如何发展农村、如何发展农业却众说纷纭。概括而言，可能主要有两种认识，一种是在土地、就业、社会保障等相关问题得不到解决的情况下，为防止中国社会出现大的动荡，先将农村保护起来。说直接点，就是将其与城市化隔绝开来，具体体现在现行农村土地制度以及关于城市资本、人口“下乡”的一系列限制性规定上。可以说这是目前在政策层面占主流的认识。另一种是在城市化进程中实现农村的同步发展，即主张城市与农村的双向流动，城乡之间的土地、人员、资本应按市场规律流动，政府主要承担教育、就业支持、住房、社会保障等方面的“托底”责任。这两种认识中，后者在理论上占上风，前者在政策实践上占上风。具体到城市化进程中以县为代表的农村政区的问题上，就表现为就县论县、就农村论农村，而没有将其放到城市化这一大的历史进程中，正视城市化的进程在某种意义上就是以县为代表的农村政区向城市政区有序转化的过程。

我们认为，符合我国新型城镇化方向的关键思路在于，在特大城市、大城市与数量众多的县、镇之间，要有一大批将二者连接起来的中小城市，以真正形成大、中、小相结合、功能互补的城镇体系。就全国而言，应在“十三五”期间，顺应城市化发展的需要，将改革重点集中到县、镇为主的政区改革上，推动一大批符合条件的县由农村政区向城市政区转化。另外，将东南沿海地区已经发展起来的少数经济大镇、强镇通过设立镇级市的方式，赋予其与城市相同的经济社会管理权限，以发挥县、镇有吸纳人口、就地城镇化方面的巨大作用。

（一）立即重启“撤县设市”改革

改革开放以后，东南沿海一些地方的县城率先发展起来，无论是非农人口的比重，还是经济总产值都很快达到了 1983 年国家出台的撤县改市标准，也正是在这些地方，首先掀起了撤县改市的浪潮。客观地说，在这些地方进行撤县改市在相当大的程度上是顺时应势之举，而且确实促进了当地经济的迅猛发展，也得到国家层面的首肯。1993 年，民政部修订、颁布了新的撤县改市标准，这可以视为对基层首创行为的一种正面肯定。随后，广大内陆省份跟风而上，纷纷启动撤县设市的进程，有条件的要上，没有条件的创造条件也要上，以致出现了一些农村人口仍然占绝大多数的县虚假申报和“假性城镇化”现象，加之已获得批准的县大规模地进行城市基础设施建设，占用了大量耕地良田，威胁到我国粮食安全。1997 年，民政部全面叫停了撤县改市，此后基本上处于冻结状态。近二十年来，一大批县、镇早已发展起来，早已成为事实上的城市，但政策层面的严防死守导致了这些地区仍然处于农村的建制之中，带来了一系列问题。应当适应农村人口大量进城，第二、三产业快速发展的现实，尽快重启“撤县设市”工作。

在这项工作中，当务之急是重新修订“撤县改市”标准。现行设市标准是 1993 年制定的，早已过时，而且事实上已多年搁置不用。综合国外城市设置标准，结合我国的实际情况，我们针对东、中、西的不同情况，分别推荐以下定量化设市标准，作为设市的基础条件。

东部地区：

经济　全县 GDP 或人均 GDP、地方财政一般预算收入或人均地方财政一般预算收入、城乡居民人均收入水平居于全省（自治区）各县的前 10%以内。近 5 年 GDP 平均增速高于本省（自治区）平均增速。第二、三产业产值占 GDP 比重不低于 90%。

人口　县城常住人口中从事非农村产业的不低于 30 万人。全县近 5 年城镇常住人口平均增速高于本省（自治区）各县城镇常住人口的平均增速。全县从事第二、三产业人口占就业总人口的比重不低于 90%。城镇人口增长与城镇建设用地增长相协调，土地利用集约化水平较高。

社会发展　全县社会保障支出和教育投入占 GDP 比重、千人养老床位数、万人医（卫生）院床位数、社区综合服务设施覆盖率居于本省（自治区）各县的前 10%以内。

市政设施　燃气普及率达到 90%，公共供水普及率达到 95%且水质达标，污水处理率和生活垃圾无害化处理率分别达到 85%，绿化覆盖率达到 35%。城市建设符合灾害设防标准。

针对我国中西部城市化水平较低的现实情况，为主动推动这些地方城市化的发展，可在综合区域经济、社会发展、人口聚集等多方面因素的基础上，适当放宽条件，以主动“设市”、预先“设市”来培育一批节点城市，以优化我国城市体系，推动新型城镇化的健康发展。

中部地区：

经济 全县GDP或人均GDP、地方财政一般预算收入或人均地方财政一般预算收入、城乡居民人均收入水平居于全省（自治区）各县的前10%以内；近5年GDP平均增速高于本省（自治区）平均增速。第二、三产业产值占比不低于85%。

人口 县人民政府驻地常住人口从事非农产业的不低于20万人，县总人口中从事非农产业人口比重不低于50%。

社会发展 全县社会保障支出和教育投入占GDP比重、千人养老床位数、万人医（卫生）院床位数、社区综合服务设施覆盖率居于本省（自治区）各县的前10%以内。

市政设施 燃气普及率达到90%，公共供水普及率达到95%且水质达标，污水处理率和生活垃圾无害化处理率分别达到85%，绿化覆盖率达到35%。城市建设符合灾害设防标准。

区位 县域综合实力和可持续发展潜力较强，一般要求位于规划城市群体系之中，或缺少中小城市的地区。

西部地区：

经济 全县GDP或人均GDP、地方财政一般预算收入或人均地方财政一般预算收入、城乡居民人均收入水平居于全省（自治区）各县的前10%以内；近5年GDP平均增速高于本省（自治区）平均增速。第二、三产业产值占比不低于80%。

人口 县人民政府驻地常住人口从事非农产业的不低于15万人，县总人口中从事非农产业人口比重不低于50%。

社会发展 全县社会保障支出和教育投入占GDP比重、千人养老床位数、万人医（卫生）院床位数、社区综合服务设施覆盖率居于本省（自治区）各县的前10%以内。

市政设施 燃气普及率达到90%，公共供水普及率达到95%且水质达标，污水处理率和生活垃圾无害化处理率分别达到85%，绿化覆盖率达到35%。城市建设符合灾害设防标准。

区位 县域综合实力和可持续发展潜力较强，一般要求位于规划城市群体系之中，或缺少中小城市的地区。

在少数民族地区和边疆地区，自治州人民政府或地区（盟）行政公署的驻地，沿海、沿江、沿边境重要港口和贸易口岸，国家重点企业、骨干工程所在地，旅游大县，国家战略全局中具有政治、国防、外交、安全、稳定等特殊地位的地方，设立县级市的标准可以适当放宽。

另外，设立县级市应符合区域城市规划体系和布局要求，具有较强的可持续发展能力，在优化城镇空间布局中具有重要地位；政府驻地具备良好地质地理条件、生态环境、防洪体系和防灾减灾应急能力；撤县设市后，原由县管辖的乡、镇，由市管辖。县级市不设区和区公所。

必须指出，以上定量标准只是设市的一个基础性条件或者说门槛条件。对于已具备这些条件的县，能否真正撤县设市，还要结合中小城镇体系与空间布局的整体情况来考虑。对此，需要由发改委、民政部等单位牵头成立“国家城镇化与行政区划改革委员会”，综合各方面的情况统筹考虑。另外，我们还注意到，民政部冰冻多年撤县设市政策的背后，是对各地竞相争取行政级别、权力、机构、编制等上位的热烈诉求的畏惧与无力阻挡。因此，一旦要重新启动县改市政策，就必须要做到两个弱化。一是弱化量化指标在能否设市上的决定性作用，一方面，要有一些如上文所言的指标条件作为必要条件，但另一方面又不能将这些指标作为唯一条件。原因很简单，因为一旦将以上指标作为设市的唯一条件，就免不了下面“做指标”，面对诸多完全符合定量指标、但实质上有水分的改市要求，有关部门怎么选择都不会令各方满意。正确的做法是既要有一些指标作为“门槛性条件”，又同时综合区域经济社会发展的总体布局来全面统筹，适时放行。二是要适度弱化行政级别与权力大小之间过于紧密的关联。从过往的经验上看，通过升格为市获得更高的行政级别、更大的权力、更多的资金支持是一些本来不具备设市条件的县采取种种措施“霸王硬上弓”、创造条件升格的主要动因。这一条不改，重启县改市政策，仍然将面临极大的不确定性。要通过简政放权、取消或下放行政审批权限等，弱化城市的行政等级与权力大小、机构设置、人员编制、干部职别等方面过于强烈的关联，推动撤县设市工作更多按经济规律运行。

（二）科学有序推进“县改区”

在积极推进撤县设市、扩大镇级市的同时，必须看到，在我国城乡一体化进程中，不是所有的县都要成为独立的市，也不是所有的农村县都要变成城市县。基于我国的特定国情，农村、农业县（镇）仍然将长期存在，而且是美丽中国的一个重要组成部分。对此，需要分门别类，对接相应的政策通道。

基于区域经济健康发展的考量，对一些在地理位置上邻近中心城市，与其经济、社会等关联度极强的县，其发展方向就不是设市，而应当是改区。市场经济是自动扩展的经济，能自动地将周围的要素、空间等内卷到某种自发的秩序之中，进而获得区域协同、规模发展的巨大效应，这在长三角、珠三角已经看得十分清楚。对此，只能顺应，不能违背，绝不能因一县之私、一人之私，将这些应当同周遭城市协同发展的县也变成市。原因很简单，在我国现行体制下，多一个市，就多一道行政藩篱，就多一道阻隔要素流动的无形之墙。这对于与邻近中心城市已事实上融为一体的县而言，有百害而无一利。具体操作上，可通过一系列指标，测试县与邻近市的经济联系强弱程度判别：凡是那些与中心城市空间距离较近、产业联系度高、资金人员信息往来频密的县，其行政建制上的取向都是改区，以维护市场经济内在联系，促进区域经济一体化的逐渐生成。

（三）重新定位“省直管县”

在县改市、县改区之外，我国仍然将有大量的农村地区。对此，可通过“省直管县”的方式，保持这些地区在基本公共服务、农村建设与管理上与城市化进程同步。为此，需要重新定位省直管县的政策目标问题，将其锚定在为农村的发展稳定托底上。究其原因，是因为市场经济、城市化是把“双刃剑”，在获得经济效率的同时，势必会造就一些相对弱势的地区、产业和人群。相对于城市，农村无疑是弱势的，政府要为农村发展托底，要防止城市化这个火车在轰隆向前时仅属意城市而将农村落下。这当然是一篇大文章，但在行政改革层面，就表现为省直管县。具体而言，一是通过财政转移支付制度，保证农业县在运转、民生、基本公共服务等方面的需要，而这正是财政部门早已施行的县级基本财力保障机制。未来，还应进一步在保障内容、标准上下功夫。二是发展现代农业、规模农业，要通过健全体制机制，将城市的工商业资本、人力资本等，通过市场机制合理、有序地引导到农村和农业之中，推动农业经营向现代化、规模化方向发展。三是深化农村土地制度改革，建立城乡之间要素平等交换、自由流动的机制，共享增长与繁荣。总之，保护农村、稳定农村并不意味要将其与城市隔绝开来，而是一方面拥抱市场和城市，另一方面由政府出面，为其中可能蕴藏的风险托住底，保证城市与农村共享增长与繁荣。在广大的中西部欠发达地区，要通过主动作为，将一些县培育为未来城镇体系一个节点，短期内可通过省直管县这种方式导入资源、导入机会。当其城市规模、非农产业、非农人口达到一定的程度，已具备城市的内核时，就应当及时撤县设市，或并入更大的区块发展。这一逻辑同样适用于在较长时期仍然以农业为主的县，长远而言，只要具备条件，就应当获得顺利转向城市政区的机会。

（四）构建动态调整的县级行政区等次体系

动态调整的县级行政区等次体系，就是要逐步取消市县之间严格的行政隶属关系，增强县或县级市在财政、行政、组织人事等方面的相对独立性。其基本思想是，在省域范围内建立一个包含一系列相关指标的评价体系，定期或不定期评定城镇等次，并根据城镇的不同等次赋予其不同的经济社会管理自主权，并给予该行政机构不同的行政级别、人员编制额度和相应的薪酬待遇。这一制度的好处在于，在市、县、镇之间形成一个能上能下的动态调整过程，适应我国城镇化发展的现实需要。具体而言，强县、强镇在城镇化进程中人口不断流入、经济实力不断增强，在满足人口规模（密度）、经济发展等相关评价指标的标准后，可以申请升格，即行政辖区保持基本不变，但行政级别和相关管理权限、人员编制规模等获得相应提升，即县升市、镇升县，在特殊情况下甚至可以镇升市；相应的，弱市、弱县、弱镇在人口流出、经济竞争力明显弱化的情况下，则会面临降格的风险，其中镇则有可能被撤销或合并。

1. 动态调整的县级行政区等次体系的构建原则

一是服务原则。行政区划和行政层级改革的主要目的在于适应城镇化快速发展的需要，为城乡居民提供更加便捷、优质的教育、医疗、安全、娱乐等多方面的社会服务，因此城镇等次体系的确立及相关权限、人员配比应该基于社会服务对城镇最优规模的要求，如果城镇等次确立不合理，人口规模庞大的城镇只有很小的权限和很少的人员，就会跟有些经济强镇那样出现“人大衣服小”的情况。

二是效率原则。城镇等次标准的确立和相关权限、人员配比必须有利于提高政府的行政运行效率，与“人大衣服小”的情况相反，如果给某级城镇过度赋权和增加人员，则可能出现机构臃肿甚至各部分相互竞争管理权限的情况，不利于行政效率的提高。

三是动态调整原则。我国正处在城镇化快速发展阶段，庞大规模的人口迁移、聚集使部分城镇规模急剧扩大的同时，也会导致部分偏远落后地区的城镇和乡村逐步衰退、消失，因此城镇等次体系必须进行动态调整，定期或不定期进行城镇等次调整，以反映并适应城镇发展的变化。

四是区别对待原则。城镇等次标准的确立和相关权限、人员配比应该在全国范围有一个基本模式，在此基础上应该允许各地方根据地方实际进行评价指标的微调。另外边疆地区、民族地区与其他地区的情况有较大区别，可考虑对这些地区区别对待，在城镇等次体系中作为特例进行专门规定。

2. 等次体系构建的主要衡量指标

通过借鉴新中国成立以前政区分等的经验，并参考西方发达国家的做法，我国今后一个时期城镇等次体系的确立应该重点考虑以下几个因素：

一是人口规模和密度。城镇化首先是人的城镇化，城镇等次的确立也需要首先考虑人口规模，人口规模既要考虑城镇行政区划范围内的户籍人口和常住人口总量，也要考虑行政区划范围内城镇人口的比重，在当前阶段还应该特别考虑城镇区域的人口密度，将城区人口密度作为一项关键衡量指标予以考核，以克服土地城镇化快于人口城镇化的问题。

二是经济实力。经济实力是包括经济总量、地方财力、产业竞争能力和发展潜力等要素的综合能力的考核，既要有量的限定又要有质的要求。人口规模反映出地方公共服务的需求总量，而经济实力则决定了地方政府提供这些公共服务的能力水平，二者结合起来决定了地方政府公共服务提供的范围和质量。

三是地理和交通因素。地理因素包括区划总面积和区划内的地形地貌，交通因素则包括机场、铁路、公路、水路等交通线和站点的布局情况，这两个因素往往相互交织在一起，例如某些地区地域广大、地形复杂、交通不便，虽然人口较少、经济相对落后，但为了方便管理，也应该适当提高其城镇等次。

四是政治军事因素。有些城镇等次的确定不是考虑公共物品的提供，而是着眼于国家安全和社会稳定，例如某些边疆地区、民族地区的城镇在全国范围看人口不多、经济欠发达，但国防地位重要或在民族地区具有较大的经济、政治、文化辐射作用，则应该赋予相对较高的城镇等级。

五是其他因素。例如我们可以将科技创新、产业升级转化为指标引入等次评定系统，以凸显国家对这两方面的重视；在高等次城镇评价标准中引入城市的经济辐射能力和经济带动作用；将资源富集情况和自然环境保护情况纳入其中，从而促进城镇发展和自然环境的和谐统一。

3. 不同等次的县级行政区，享有不同的权限

城镇等次体系确立后，各级政府间就可以按照城镇等次建立相应的机构、履行相应的服务职责，各等次城镇间的区别主要体现在：

一是经济社会管理权限。经济社会管理权限设定，可以参考日本市町村在事权上的分配和我国财税体制改革中关于事权分配的有关思路，将跨越某级城镇区划范围的事务、需要全国或全省统一协调处理的事务，例如跨区域的环境治理、警察治安权力、教育医疗等基本公共服务统筹管理权等交由上级政府处理，而其他事务则尽量放权给各等次城镇自行处理。另外一些经济管理权限也可以根据地方经济发展需要尽可能放权到地方。

二是机构设置和人员编制。根据城镇等次高低和经济社会管理权限的大小确定行政机构的部门设置和人员编制，例如日本的警察权属于都道府县政府，因此市町村就没有自己的警察机构；而消防由于地域性强，市町村设立相应的消防本部、消防署和消防团，而中央政府和都道府县政府只起业务指导作用，而且市町村根据城镇人口等具体情况，设立常设消防本部、消防署或非常设的消防团。

三是政府工作人员的职级和薪酬。应该改革我国目前以行政级别定政府工作人员等次和相应薪酬的做法，特别是要取消不同行政级别之间的领导和被领导、管理和被管理关系，在省级以下政府实行平行管理。可以参考美国文官制度，根据城镇等次不同，确定政府文官的职级和薪酬待遇。

四是政府绩效考核评价体系。在强调各级政府的公共服务能力、社会发展能力的同时，不同等次城镇的绩效考核应有不同的侧重，高等次城镇应该更加注重考察其对区域经济、政治和社会文化的影响力，而低等次城镇则应更加注重对辖区居民的服务需求的响应能力。

4. 县级行政区等次体系的动态调整

由于城镇化、规模效应、交通、信息化等诸多因素导致人口始终处于不断流动和迁移过程中，在有些城镇兴盛的同时，有些城镇可能在衰落下去，为了保证城镇等次体系能够适应不断变化的人口规模和经济社会发展，就需要对其进行动态调整。

动态调整的可能方式有两种，一是申请变级，即地方政府在该地区人口、经济情况发生较大变化时，可以主动申请进行城镇等次评估，只要达到相关标准，就准予提升等次，并在权利权限、人员职级和薪酬等方面给予相应配套；二是定期调整，例如在城镇化快速发展阶段三到五年调整一次，城镇化平稳发展阶段七到十年调整一次，如果某级地方政府人口大量流出、经济社会吸引力明显下降，则面临行政级别降格、人员编制压缩、经济社会管理权限上收的可能。

5. 构建县级行政区等次体系构建的配套政策措施

城镇等次体系的建设不可能一蹴而就，在其实践探索过程中，还需要许多配套改革措施的协调配合。

一是科学探索省级行政区划改革，积极研究增加省级行政单位的可能性。根据管理学的基本原理，管理层级和管理幅度呈反比关系，考虑到我国城镇化快速发展阶段，市、县两级行政单位数量将呈明显增加的趋势，省级行政单位的管理幅度将显著增加，这样就可能出现因管理幅度太宽导致出现沟通不畅、管理混乱的情况，有学者提出将市作为省的派出机构协调各地方政府的设想，这样的话仍存在市、县间的管理权限冲突问题，而且从我国历史上看，派出机构往往经历一段时间后变成一级行政实体，这与我们的改革目标明显不符，因此笔者认为增加省级单位数量才是一种较为可取的做法。

二是建立全国统一的基本公共服务信息系统，实现基本公共服务均等化。人口流动的目的是寻找对自己生存发展更加有利的经济社会环境，其中基本公共服务大体一致，并可以“随身携带”是实现人口流动的基本条件，因此动态调整的县级行政区等次体系要想运转顺畅，必须人口可以自由流动，也就是要实现基本公共服务均等化。各城镇要想增强城镇对于流动人口的吸引力，可以提供具有地方特色、地方优势的基本公共服务“增值包”，而前提是国家层面能够提供社会公共服务的“基本包”。

三是将城区人口规模（密度）、外来人口吸引能力和数量等纳入地方政绩考核和干部任用调整的重要衡量指标。政绩考核制度对地方政府行为，特别是地方行政首长的行政决策具有明显的激励作用，应该将城区人口规模（密度）、外来人口吸引能力和数量等与城镇化有直接、密切关系的指标纳入考核评价体系，通过城镇等次体系和政绩考核体系的双重激励，使地方在城镇化建设过程中更加重视以人为本，从而推动新型城镇化的健康可持续发展。

四是进一步深化财税体制改革。动态调整的县级行政区等次体系建设过程中，市、县、镇之间的财政关系面临较大调整，从一定意义上说，行政等次升格、降格时相应的财税收入分配能否顺利实现将决定城镇等次体系改革的成败，因此在这一问题上我们仍需要认真研究。

总之，一个动态调整的县级行政区等次体系，不仅能够推进我国现阶段的城镇化快速发展，而且为未来城镇化平稳发展时期城镇结构的持续优化调整奠定了基础，应当成为我国县级行政区划和行政层级改革的主要努力方向。

（五）创新跨区域行政体制，促进城市群协同发展

在新型城镇化建设的过程中，城市群必然不断形成和发展。随着城市群的形成与扩大，同处一个“群”的各个城市之间经济联系、人员往来、要素流动比以往任何时候更加频繁和强烈，区域性公共问题大量出现。一是区域内的环境、生态、流域问题。如各地常常遭遇的流域水污染问题、雾霾问题等。二是区域基础设施建设问题。主要包括两个方面，其一是某些具有较大规模效应的基础设施如机场、港口等在区域内统筹布局、协调使用管理的问题；其二是区域内基础设施在各行政区交界处的协调联通问题。三是行政区交界地带的贫困县问题。各行政区交界处的治理历来是政府治理中的老大难问题，当前“环北京贫困带”即为其中一例。四是基本公共服务不平等问题。随着城市群的形成，区域内人员往来频繁，进而产生了对于区域内基本公共服务均等化的迫切需要，尤其是教育、医疗、社会保障等方面。五是行政区经济问题。随着城市群的形成，各地之间经济联系增强，但各地基于自身利益考虑，常有阻碍市场主体经济自由联合、统一市场形成之举，对区域一体化形成阻碍。

为了解决以上区域公共问题，有一种意见是通过调整行政区划使行政区域与问题区域相一致，从而达到快速协调解决各类区域问题的目的。这种建议有一定道理，但由此引起的社会震荡太大，成本过高。如果仔细分析当前制约区域协同发展的各类问题就可以发现，必须通过区划调整来解决的，主要是因人口大量集聚而导致的城市空间狭窄、地方政府治理权限过小的问题。在这种情况下，的确可通过区划调整将原来属于农村的部分区域调入城市区域，或者推动如经济发达县（镇）的改（设）市，或者调整市辖区等。除此之外的一些重大区域公共问题，如行政区经济、基本公共服务不均等、区域规划、产业调整、基础设施统筹等，都不需要运用区划调整而“用力过猛”，而应当以强化区域协作为着力点，徐图以进。考虑到即使通过区划调整解决了一些问题，但或迟或早这些问题还会在新的区划层面上重新出现时，就更是如此。因此在传统思维之外，要积极探索跨区域行政体制创新。

1. 设立区域委员会

相对于调整行政区划，设立区域委员会是一个较为温和且更为可行的办法，适用于推进某一区域的一体化发展。比如当年韩国在推进首都圈整备行动中，就在中央层面专门设立了“首都圈整备委员会”。在我国，以下两种情况下可考虑设立区域委员会，一是像京津冀一体化这样带有显著政府意图的国家战略；二是在涉及多个省级行政区的区域协同之中。区域委员会可有几种设立方式，一是由中央牵头设立；二是由地区合作产生；三是在现在相关部委中设立专司区域协调的机构，负责协调区域内各地方政府的行动。区域委员会的职责主要是进行长期规划、实施区域政策，可根据需要影响地方政府的实际运作。

2. 设立专门处理区域公共问题的联合机构

对于那些重点集中在一个或几个方面的区域协作，则可考虑设立专司特定问题的某种区域联合机构，比如美国的大都市规划组织（MPO）、温哥华大都市区的区域理事会，都是针对特定区域内特定问题（如交通规划、空气质量控制、水处理、垃圾管理等）成立的特定机构。除章程规定的权责之外，这些特定机构无干预地方政府运作的其他权力，易于为各方接受。在我国目前的区域协作中，大部分问题是可以通过这种方式来谋求解决的，比如区域规划、产业布局、应急处置、流域管理、生态协作、基础设施的互联互通等，当然其中要特别重视设计出有实实在在约束力、能妥善平衡各方利益的行政、财政规则，同时还要有保证实施的相关政策工具等。

3. 制定有约束力的区域协作规则

无论是设立区域委员会，还是某种区域联合机构，关键点之一都在于要有对合作各方形成有明确约束力的相关规则。从国外的经验看，无论是国家合作，还是地方政府之间的合作，通常都有相应的法律约束，比如欧盟各国的合作有欧盟条约、美国有各类州际协议等。在我国，总体而言，还不具备出台区域协作相关法律的条件，但可在国务院层面、在各部委的具体管理层面，形成要求各地参与区域协作的相关行政规则，如特定的区域规划、流域管理办法、空气质量控制条例等，如区域内地方政府公然违反这一规制，就应当启动行政问责程序，以对各方形成约束。只有如此，才能抑制区域协作因某一方的不合作导致整体协作破裂的“坏孩子”行径。

4. 设计推动区域协作的政策工具

区域协作要从概念到实践、到取得实实在在的成效，关键点之二在于必须要有相应的政策执行工具。从国内外经验来看，主要有两方面：一是按所要解决的区域公共问题的特点，设立由各协作方共同参与的工作团队，如专家小组、公众小组、政府工作团队等，分别负责各阶段的执行、检查、评估、改善等，以保证问题的切实解决与长期稳定。二是要有相应的技术分析工具，由于区域公共问题通常具有高度的专业性，如流域水质问题、大气污染问题、基础设施统筹问题，需要专家提供具体的可选方案、成本测算与工作推进程序等，为此需要有专门的技术模型、成本分析、信息分享等技术工具。总之，政策工具是解决复杂的区域问题、设计利益平衡机制的关键所在，这方面需要大力创新和加强。

5. 设计区域公共财政体制

解决区域公共问题的关键点之三在于资金。由于区域问题属于“区域”而非全国性问题，相关资金需求不可能全部寄希望于中央政府，更现实的是各方面资金的集合。在此基础上，既要有解决区域公共问题所需资金的成本分摊机制，也要有区域协作所产生利益的分享机制，为此，需要研究相应的区域公共财政体制。区域公共财政体制的要点是，依据要解决的区域公共问题的性质，引入专业人员与技术分析，形成科学合理、各方易于接受的成本分摊和收益共享机制。

6. 推进政府、市场与社会组织的多元协作

区域问题影响的并不只是政府，而是整个区域内的市场主体和社会公众。从国外的经验看，来自公众的意见与公众参与是推进区域公共问题得以提上议事日程、推动相关地方政府密切合作的重要外部动力源。近期我国京津冀地区的一体化进程也表明，如果没有来自市场主体的自愿参与，政府政策推行起来

颇有困难。因此，推动区域公共问题的解决要积极听取公众意见，主动形成政府、市场、公众的多元参与机制，方能获得行动“最大公约数”效应。

二、深化中小城市管理综合执法体制改革

随着城镇化率的提高，一大批农村政区已成为事实上的城市，这对城市管理、公共安全、社会服务方面提出了更高的要求，直接表现为对广大的中小城镇实施综合行政执法的迫切要求。

在我国，行政执法发端于20世纪70年代末和20世纪80年代初，在相当长一个时期内是由不同部门分别行使城市管理中市政规划、市容环境管理、工商税收、食品卫生监督、公共交通管理、城市治安管理等不同性质的执法权。20世纪90年代以来，我国进入了高速城市化时期，与城市规模和数量同时增长的“城市病”也进入了多发期和高发期，城市流动人口激增，利益关系日益复杂，环境恶化、资源紧缺、交通拥堵、社会冲突加剧，城中村、占道经营、违法建设、卫生环境问题、噪声污染、城市“牛皮癣”等城市痼疾顽症问题凸显。传统的各部门“分兵把守，各管一摊”的行政管理及执法体制，越来越不能适应时代的发展。

进入21世纪后，一些城市开始推行城市管理综合执法，即俗称的“城管”。城市管理综合执法制度把原属公安、工商、环保、卫生、城建等部门主管的一些“繁、难、碎、杂”的职能开始移交给城管部门统一进行管理，“数顶大盖帽变成一顶”，形成城管综合执法的基本格局，并很快在全国推广开来。

但是，目前的城市执法制度是在未从根本上理顺行政体制的情况下，对现有执法职能的有限调整以及机构的适度整合和渐进性的改革。由于缺乏顶层设计和规范，该制度运行十余年来，一些深层次的矛盾和问题逐渐暴露出来，并一度陷入困境。一是法治困境。到目前为止，全国仍然没有一部专门针对城市管理综合执法的独立的法律文件产生，执法法律来源庞杂，法律、法规、规章不完善，缺乏可操作性，相关罚则不一致，有的法律规定之间相互冲突。二是职能困境。“城管是个筐，什么都能往里装”。目前，城管承担的行政处罚职责

越来越重，涉及的范围越来越广，据统计，城管部门的工作范围涉及 12～15 个领域，涉及事项共有 200 项左右，最多的城市达 300 多项，导致在城管综合执法与原职能部门存在着大量职能交叉和多头执法问题。三是体制困境。在中央和省级层面一直没有确定一个部门承担城市管理的统筹规划、指导协调职能，严重影响了城管执法工作的统一、规范。如城管执法队伍名称不规范，服装、标识不规范，缺乏统一的人员编制。四是机制困境。城市管理工作涉及市政、规划、环卫、环保、园林、工商、交通、建委、水务、土地、邮政、电信等众多部门，由于前端、中端部门履职不到位，常常导致末端城管执法陷入困境。无照商贩管理即为典型一例。五是冲突困境。近年来，城管暴力执法事件屡见不鲜，甚至还有愈演愈烈之势，这对群体性突发事件的产生埋下了巨大的隐患，严重威胁到社会的安定局面。变革城市管理综合执法体制迫在眉睫。

（一）加快推进城管立法

尽快制定一部统一的《城市管理法》，就城市管理的相关问题进行集中统一的规定，包括城市管理的领域和事项，管理原则，管理主体与职能分工，执法人员的选拔，行政管理和执法的权限、程序、监督救济途径等，克服现行不同法律法规之间的交叉、重叠、遗漏或者相互矛盾等问题，既有利于提高城市管理的水平，也更加便于社会监督。

（二）科学界定城管职能

建议对目前各执法部门执行的全部行政处罚职能进行分类分析，具体应当把握以下原则：一是城管承担的职能，应当建立在广义的城市管理概念之上，以城市环境秩序执法为核心，适当集中其他方面的职权，但不宜搞成包罗万象的大杂烩。二是严格限定可集中的行政职权的范围。履行职能要体现综合性，职能不存在交叉重复的不需要移转。在此原则指导下以划转后的执法效率是否提高、执法成本是否降低、相对人的利益是否得到增进为衡量标准。三是专业性、技术性较强的执法工作不宜集中。十分专业的执法行为需要单项执法部门进行。四是统一性。各地综合执法机构的执法范围宜相对统一，可以赋予地方城市政府进行微调的权力，但在确定城市综合执法范围时，必须采用行政机关主动提意见、政府确定草案、组织社会听证、听取专家论证、确定正式方案、报批、公布等方式与程序进行规制。五是明确性。将城市综合执法机关的职权详尽列举出来，防止新的职能交叉。

（三）规范城管执法体制

应从我国是单一制国家的国情出发，确立中央主管部门，从国家层面提供相对统一规范的政策指导、方针指导、方法指导、技术指导以及信息沟通。在地方城管执法体制可实行“统一领导，分级管理，以区为主，重心下移，强化服务”的管理体制。省级设置城管执法局，市建立城管行政执法局，县一级设综合执法分局；街（镇）可设置城市管理综合执法所。相关职责办公室如下：省级城管行政执法机关在国家城管执法总局的指导下，负责制定城市管理法规规章、行业政策和发展规划，组织跨市交流协调，实行宏观管理等；市级城管行政执法局主要负责制定城市管理总体目标、年度重点目标及管理规范与作业标准，对各区城市管理工作进行指导、监督、考核、评比和奖励，对全市城市管理工作实施业务指导，以及组织跨区域的重大执法活动；区分局主要负责队伍建设、组织协调、检查评比、业务培训；街（镇）城市管理综合执法所为区分局的派出机构，以区分局的名义行使行政处罚权，承担所辖区域街道、社区的综合执法工作。在此基础上，逐步形成省、市、城区、街道分工明确、指挥顺畅、步调一致、配合密切的城管执法格局。

（四）推广“大城管”模式

现代城市管理是个开放复杂的巨型系统，必须树立“大城管”观念，将城管执法有机植入整个城市管理体制之中，与行政许可、行政确认、行政检查、行政处罚、行政强制等其他行政权力密切配合。建议推广北京、武汉等地正在开展的“大城管”模式，在市一级层次上整合现有各城市管理部门的力量，组建一个在城市管理领域的综合性、协调性的机构，成立城市综合管理委员会，由市政府主要领导任主任，城市管理相关职能部门和城管综合执法部门为成员单位，城市管理委员会办公室设在城管执法局，总揽全市的城市运行和管理工作，统筹协调城市管理的宏观决策和监察监督，统一指导协调城市的规划建设和管理。健全部门职责体系，加强协调配合与职能整合，充分发挥专业管理部门的职能作用，合理配置执法部门与管理部门的行政权力，以理顺管理权、监督权、处罚权为核心，建立相互协调的权力结构和运行机制。同时落实属地政府责任，推进城市管理重心下移，切实把区街工作重点转到城市管理、社区服务上来，从而建立形成齐心协力、运转高效的大城管格局，提高城市整体性治理水平。

（五）加强城管公共关系建设

为了增强社会各方面对于城市管理工作的理解，城管执法要加强媒体公关，通过加强与公众的沟通对话，塑造良好的城管执法形象，从而减少摩擦，消除隔阂、建立信誉、树立形象、提高效益。同时要注意改变传统宣教式的宣传模式，以社会各阶层喜闻乐见的方式开展宣传，增进效果。

为了适应城市管理工作的需要，2015 年 12 月中央专门召开了城市工作会议。会议要求要主动适应新型城镇化发展要求和人民群众生产生活需要，积极推进执法体制改革改进城市管理工作，从而为深化行政综合执法并在广大中小城镇规范应用创造了条件。

三、积极推进基本公共服务均等化

随着我国城镇化的快速发展，大量农村转移人口进入城市，不仅对城市的市政设施、交通、住房、通信等提出了挑战，而且对于社保、教育、医疗、文化等基本服务的需求也越来越强烈。根据我们的研究，只有逐步推进基本公共服务的城乡一体化，才是将庞大农村转移人口逐步市民化的根本之策，也是城市工商资本下乡、发展现代农村经济的前提条件。

当前，我国推进城乡基本公共服务一体化主要面临着以下制度障碍。一是城乡二元分割体制尚未彻底消除。我国城乡二元体制形成于 20 世纪 50 年代后期，迄今已近70年。在城乡二元体制下，广大农民被束缚在土地上、禁锢在农村中，农民和城市居民享有的权利是不平等的，机会也是不平等的，享受的基本公共服务也存在很大差距。城乡二元体制造成了城市和农村的非均衡发展，资源逆向配置，城镇化畸形发展，城市和农村成为“一个中国下的两个世界”。但是，受多种条件约束，城乡二元体制的在短期内无法消除，这是城乡基本公共服务一体化面临的最大制度障碍。二是城乡基本公共服务制度碎片化、标准不统一。长期以来，城市与农村的基本公共服务制度呈碎片化形态。农村基本公共服务的提供主要是农民自身而非公共财政。由于户籍制度的制约，城乡居民在基本权利和发展机会上存在很大的差别。虽然近年来有所改观，新型城镇化的推进让农民到城市落户定居成为可能，但从总体上看，城乡二元的基本公共服务制度未发生根本性改变。农村和城市在义务教育、公共卫生和基本医疗、基本社会保障方面依然是“两张皮”，城乡基本公共服务一体化发展亟待破题。三是国家财政资源配置的非均等化。根据公共经济原理，应按公共产品的层次性和受益范围划分各级政府的事权责任。全国性公共产品由中央政府来提供，受益范围局限于某一辖区的区域性公共产品由该地区政府负责提供，介于两者之间、具有明显外部性的公共产品，分清主次责任，由中央、不同地区政府共同协商提供。但是，中国财政资源并没有按此进行配置，上级政府汲取了更多的财政资源而承担的事权责任相对较小，而大多数基层政府由于财力不足也难以为民众提供基本的公共服务，城乡一体化的基本公共服务进展缓慢。四是地方政府推动城乡基本公共服务一体化内在激励不足。改革开放以来，我国政府在推动经济增长中发挥了巨大的作用，从中央政府到地方政府都具有强烈的“公司化”“企业化”特征。以地方政府为例，党的各级书记成为“辖区公司”的董事长，政府领导成为“辖区公司”的总经理，整个政府专注于辖区经济增长，财力主力投向招商引资、修桥筑路、政绩工程。与此相对应，政府在教育、基本医疗、社会保障等方面的投入，相对于经济建设明显不足。进一步地，政府在农村基本公共服务方面的投入，相对于城市而言，更是明显不足够。由于现行社会保障制度的碎片化，不同地区、不同所有制、不同身份的人面对的制度不同、标准不同、条件不同，全国范围内差异极大，地方政府推动城乡基本公共服务一体化，既没有动力，也没有条件。

新型城镇化的快速发展已对城乡基本公共服务的均等化提出了比以往更加急迫的要求。就全国范围内而言，我们认为，推动基本公共服务城乡一体化可考虑以下“三步走”策略：第一步，在2016—2020年，这个时间段内，重点完成相关制度衔接与并轨任务，夯实城乡基本公共服务的制度基础。第二步，在2021—2030年，这个时间段内建成城乡基本公共服务的运行体系，形成政府管理、多主体参与基本公共服务提供的格局。第三步，全面提升城乡基本公共服务的一体化水平，争取到2049年实现城乡基本公共服务一体化的目标。具体操作层面有以下建议。

（一）分层次明确不同阶段基本公共服务的范围

《宪法》明确规定，社会保障、医疗保险、社会救助、基础教育和就业是每个公民的基本权利，而保证公民均等、公平地分享这一权利是政府的重要职责之一。目前国家规定的基本公共服务范围包括公共教育、劳动就业服务、社会保障、基本社会服务、医疗卫生、人口计生、住房保障、公共文化等领域的基本公共服务。考虑到我国的现实情况，应当分层次推进，第一层次包括义务教育、医疗卫生、社会保障、住房保障等，第二层次是劳动就业服务、公共文化、基本社会服务、生育支持等，第三层次是各类权利救济。近期应以推动第一层次的基本公共服务逐渐均等化为主，以后随着条件的成熟再逐渐扩大。

（二）加快推进城乡基本公共服务的制度衔接、并轨

要以制度统一为切入点，抓紧制定和实施城乡基本公共服务一体化制度的工作目标和阶段任务，推进城乡基本公共服务制度衔接、并轨。比如，要以服务半径、服务人口为依据，制定城乡基本公共服务的各类规划，打破城乡界限，实现制度统筹。要制定实施城乡统一的基本公共服务设施配置和建设标准。要逐步建立以基层为重点的基本公共服务网络，提高基本公共服务设施标准化和服务规范化、专业化、信息化水平，保障城乡居民能够就近获得基本公共服务，服务方便可及。目前，城乡居民养老、医保已经并轨，机关事业单位

职工养老保险改革已经启动。今后，还要在涉及基本医疗、义务教育、失业救济等方面推动城乡之间的相互衔接与并轨，实质性破除城乡二元结构。

（三）建立基本公共服务的国家标准，同时允许基本公共服务的合理区域差异

一国之内，国民无论定居何处，都是中华人民共和国的公民，都应当享受同等的基本公共服务。考虑到我国地域广大、各地经济发展水平等方面的差异，在推进基本公共服务一体化的过程中不应强求一律，而是既有“一致”，也承认合理的区域差异。所谓“一致”，是指在整个国家层面，应当以“较低标准、广覆盖可持续”为原则，尽快制定基本公共服务的最低标准。中央应保障这一“基础”在全国各地之间的均平与可及，承担主要财力责任。在此基础上，允许各地根据自己的实际情况，适度上调标准。

（四）明确中央与地方在基本公共服务方面的事权与支出责任

长期以来，由于种种原因，我国基本公共服务的事权配置过于向基层政府倾斜，导致了很多问题，应当逐渐予以纠正。理论上讲，在市场经济条件下，养老、义务教育、基本公共卫生等因附着于“人”，故而具有高度的流动性，因此理论上讲，应当属于中央事权，由中央在全国范围内承担统一的筹资、分配、调剂与管理的责任。而就业支持、住房保障等，则因为具有显著的地区属性而应当主要明确为地方事权，由地方政府承担主要责任。鉴于医疗、特殊教育等的管理复杂性和信息的动态性，则应当明确为共同事权，中央政府给予资金补助，地方政府负责管理营运。

（五）强化省级政府的辖区责任

在承认中央政府应当承担保证国民在全国范围内获得相对统一的基本公共服务责任的同时，必须看到，作为一个大国，各省区之间在基本公共服务方面的现实差异是客观且明显存在的。因此，在一个省级行政单位的范围内，省一级政府必须要承担起对促进本辖区内基本公共服务均等化的责任，要以区域公

共服务均等化为导向，建立省对下财政转移支付制度。条件成熟的地区要逐渐推动更大区域范围内基本公共服务的相对均衡。

总之，城市化是我们这个时代最深刻的历史背景，农村人口向城市转移是城市化的核心。如何适应这一宏大、历史变化，不仅是一个经济问题，也同样考验着行政体制、社会治理等诸多方面。行政体制作为经济社会体制的核心，牵一发而动全身。如何根据现实发展的需要进行适度的调整并在适当的时候启动深刻的改革，以适应经济社会发展的需要，是一个十分严肃且需要认真研究、积极探索的重大问题。

第七章　适应城镇化发展　创新城市行政体制的四川成都实践

成都地处西南，是四川省省会。2003 年以来，成都市积极推动城乡统筹改革，在土地、户籍、金融、基本公共服务、城市建设、规划、农村治理等方面取得了令人瞩目的成绩。如果以常住人口计算，2012 年成都市人口达到1 417.78 万人，人口城镇化率达到 68.4%，2013 年，全市常住人口 1 429.8 万人，人口城镇化率达 69.4%，是四川与中国西部城镇化水平最高的地区。在经济社会发展取得长足进步的同时，成都市面临着创新行政体制、适应并推动城镇化发展的巨大压力，生动地说明了新型城镇化进程中，需要及时调整行政体制这一上层建筑以适应经济基础发生的巨大变化。

一、成都市的基本情况

成都地处西南，是四川省省会、国家经济与社会发展计划单列市，我国西南地区的科技中心、商贸中心、金融中心和交通、通信枢纽，也是四川省政治、经济、文教中心。

成都市现有辖区面积 1.21 万平方公里，共有人口 1 068 万。按现行行政区划设置，共有 11 个区、5 个县、4 个县级市。具体如下：锦江区、青羊区、金牛区、武侯区、成华区、高新区、龙泉驿区、温江区、新都区、青白江区、双流区（2015 年 12 月新设）、郫县、蒲江县、大邑县、金堂县、新津县、都江堰市、彭州市、邛崃市、崇州市（见图 3）。

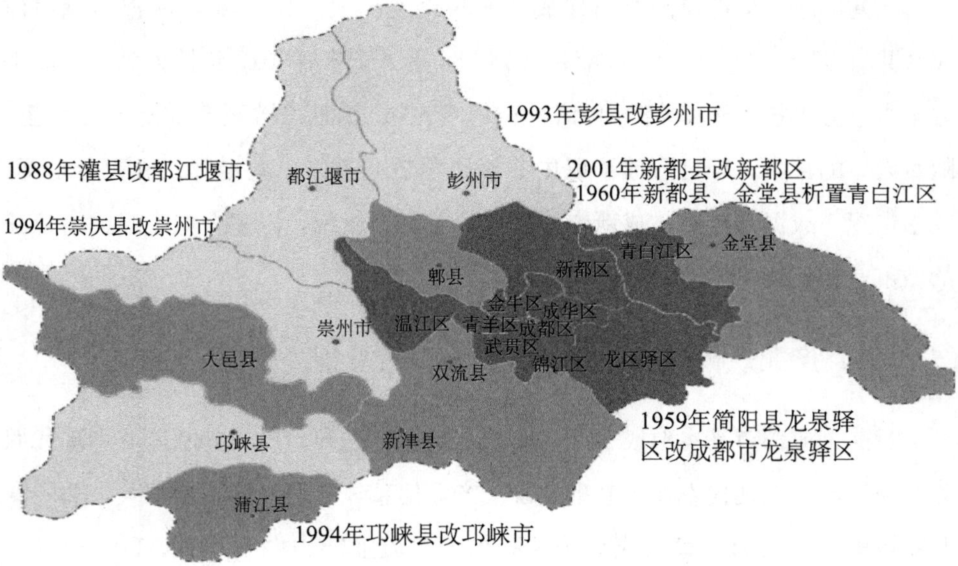

图 3 成都市行政区划图

二、改革开放以来成都城镇化的进展情况

（一）人口城市化水平快速提高

改革开放以来，成都城市化经历了从低速到快速的演变过程，城市化水平迅速提升。1978—2012 年，成都市按户籍人口计算的城市化率从 22.3%提高到 61.1%，提高了 38.8%个百分点，相应地，成都市户籍人口从 806.06 万人增加到 1 173.35 万人。特别是 2003 年以来，成都实施城乡统筹战略、推进城乡一体化以来，工业化进程明显加快，城市综合功能显著增强，人口城镇化进入高速发展阶段，由此前的年增约 0.6%上升到近年的 2.5%。如果以常住人口计算，2012 年成都市人口达到 1 417.78 万人，人口城镇化率达到 68.4%，2013 年，全市常住人口 1 429.8 万人，人口城镇化率达 69.4%，是四川与中国西部城镇化水平最高的地区。与此同时，成都市农业人口迅速下降。1978 年为 628.6 万人，到 2012 年已快速下降为 456.63 万人，减少 171.97 万人，减幅 27.4%。总体而言，目前成都正处于城镇化的中期。

与此同时，成都市的城市建成区面积迅速扩大。1978年，成都市城市建成区共有57平方千米，2005年扩大到285平方千米，2012年扩大到515.5平方千米，分别扩大了5倍与9倍，2013年建成区面积增至528.9平方公里。随着人口的汇集，现已形成了以中心城区为核心，以成龙走廊、成青金走廊、成灌走廊、成温邛走廊、成新走廊和南部走廊为纽带，以多个城市组团为依托的城市空间发展格局。

（二）产业规模不断壮大，吸纳人口就业能力增强

目前，成都市基本形成了以高新技术产业为先导，以先进制造业和现代服务业为核心，以现代农业为基础的现代产业体系，产业规模不断扩大，非农产业对城镇化发展的支撑效应显著，吸纳人口就业能力明显增强。2000—2013年，全市非农产业增加值由1 040.4亿元增至8 755.7亿元，占地区生产总值的比重由89.9%提升至96.1%；非农产业就业人数由316.6万人增至688.2万人，占全部从业人员比重由55.1%提升至83.3%。

（三）市域城市体系架构初步形成，郊区城市化进程加快

经过多年建设，成都现已初步形成了以中心城区（即一圈层）为核心，中小城市为节点，小城镇为依托的空间格局。现在正努力构建由中心城市（双核）—大城市（新型卫星城）—中等城市（新城）—小城市—特色镇—新型社区构成的梯次城镇体系。同时，成都郊区也正在走向城市化，这主要是由于工业外迁、零售业外迁所致。2012年，二圈层城镇化率达到58.3%，三圈层也接近40%。随着天府新区建设加速，各卫星城建设启动，这种趋势更加明显。

（四）城乡统筹再上新台阶，城乡一体化的格局基本形成

2003年，国家发改委批准成都为全国统筹城乡综合配套改革试验区。2003年以来，成都围绕统筹城乡，进行了多项重大改革创新：一是建立城乡一体规划的体制机制；二是大力推进农村产权制度改革；三是建立耕地保护补偿机制；四是推进农业农村投融资体制改革；五是积极探索生产要素在城乡之

间自由流动改革试点；六是推进城乡一体的社会保障制度水平；七是推进村级公共服务和社会管理改革；八是构建城乡一体的公共服务和基础设施建设体制；九是推进新型村级治理机制改革；十是推进全域成都城乡统一户籍制度改革；十一是创新城乡一体的行政管理体制。这些创新改革有力促进了成都城镇化发展，实现了城乡居民人均可支配收入实现同步增长，城乡一体的就业体系逐步形成，城乡一体的社会保障体系基本形成，城乡发展走向和谐。现在，城乡统筹发展的体制机制框架初步形成，城乡一体化的格局基本形成。近年来，成都市统筹城乡的重心已进一步下沉到镇、村一级，在城乡规划一体化、城乡基础设施一体化、美丽乡村建设方面进行了很多重要的探索与创新，同时加快构建新型农业经营体系，发展以产权为纽带组建的股份合作社、资产管理公司和以龙头企业、农民合作社、家庭农场、专业大户等为主的新型农业经营主体。新增家庭农场 1 310 家，其中市级示范家庭农场 50 家；新增土地股份合作社、村集体资产管理公司 45 家；建成国家级、省级合作组织（合作社）各 29 家；培训新型农民 1.1 万人，分产业培训农业职业经理人 2 500 人。健全农业支持保护体系，建立“三农”投入稳定增长机制，积极推进农业经营方式创新。完善土地向新型经营主体流转的激励机制和风险防范机制，推进多种形式的土地适度规模经营。全市新增农用地流转面积 9.3 万亩，耕地流转面积达 346.2 万亩，规模经营率达 54.1%。

（五）城市功能不断增强，综合服务能力显著提升

随着城镇化程度的加深，近年来，成都市的城市功能与市政基础设施建设日新月异。一是城市道路、供排水、燃气等基础设施水平显著提升。二是污水处理、公园绿地等生态环境设施大幅改善。三是教育、医疗、文化体育、社会保障等公共服务水平和覆盖率明显提高。四是以经济适用房、限价商品房、公共租赁住房为主要内容的住房保障体系不断完善，城乡居住质量大幅提高。五是城市基础设施和服务设施逐渐向农村延伸，农村居民生活方式加快转变。

(六) 小城镇建设正在有序推进

近年来，在推进新型城镇化发展的过程中，成都市除了加强主城区的建设，也积极推动有条件的重点镇向小城市发展，共启动了34个重点镇建设。2013年，成都市重点镇建设总投资达756亿元，建成区面积达147.3平方千米，形成了特色鲜明、功能完善的城镇组团。同时，成都市还推动有条件的小城镇建成特色镇，先后启动了174个小城镇改造工作，完成总投资207.3亿元。新繁镇、西河镇和花源镇都是成都小城镇建设、推进就地城镇化的代表。2013年4月，成都市选取了温江区作为试点城市，代表成都市争取进入国家中小城市改革综合试点。为此，专门制定了《成都市温江区国家中小城市综合改革试点方案》，提出了行政管理体制改革、户籍制度改革、土地管理制度改革等七个方面的改革重点，形成了《温江区开展中小城市综合改革的实施方案的目录清单》和《2014年中小城市综合改革重点项目推进计划》。据悉，国家发改委已将温江区正式列入了中小城市改革试点的名单。

未来五年间，成都市还将加快卫星城向“独立成市”的建设步伐。现在，成都已按照产城融合、职住平衡的发展要求，明确龙泉驿、新都、青白江、温江、双流、郫县、新津、都江堰等8个卫星城的定位，如龙泉驿定位为汽车城，双流定位为临空产业城，都江堰为旅游休闲城。公共服务方面，将打造涵盖公园绿地、公共交通在内的十分钟便民服务圈；同时，规划、土地、财税政策也将进一步向卫星城放权和倾斜。积极培育中小城市。全面提升金堂、彭州、崇州、大邑、邛崃、蒲江等区域中心城的基础设施建设和公共服务水平；建设永宁、新繁、安德、寿安等10个人口规模在5万人以上的小城市；建好“天府古镇群”和商贸、科技、农业示范镇等特色镇。通过点、线、面结合，将区域中心城及小城市、特色镇，培育成为全市统筹城乡的重要载体和农民就近城镇化的主要区域。

三、未来成都市推进新型城镇化的发展趋势

成都是四川省省会城市，在四川省新型城镇化建设中担当着排头兵的重

任。根据《四川省新型城镇化规划（2014—2020年）》，四川省新型城镇化的主要目标是：

城镇化质量和水平明显提升。常住人口城镇化率达到54%左右，户籍人口城镇化率达到38%左右，改造约470万人居住的城镇危旧房和棚户区。

城镇化布局和形态更加优化。优化与资源环境承载能力相匹配的城镇布局，以四大城市群为主体形态，基本形成结构更加完善、定位更加清晰、大中小城市和小城镇发展更加协调的“一轴三带、四群一区”的城镇化发展格局。

城镇可持续发展能力明显增强。人均建设用地控制在100平方米以内，城镇发展模式和用地布局结构更加合理。基础设施和公共服务设施不断完善，城镇综合承载能力不断增强。

城镇化和新农村建设更加协调。开展以县为单位的多规合一规划，全域空间实现有序利用。小城镇带动农村发展的能力明显增强，新村建设水平大幅提高。

城镇化体制机制更加完善。人口、土地、财政、投融资、社会保障和行政区划等制度改革取得重大进展，阻碍城镇化健康发展的体制机制障碍基本消除。

到2020年，四川省将构建以四大城市群为主体形态、大中小城市和小城镇协调发展的城镇化新格局。其中，四大城市群是指：

成都平原城市群。包括绵阳—成都—乐山城镇发展带、成都—遂宁城镇发展带、成都—资阳城镇发展带及三台—中江—淮口—简阳—成都新机场—仁寿城镇发展带，形成一体化城市群空间形态。为此需要严格控制成都中心城区人口规模，推动成都提质升位、转型发展。

川南城市群。即内江—自贡—泸州—宜宾形成的川南大都市圈。

川东北城市群。即南达城镇发展带、广巴达城镇发展带和沿嘉陵江城镇发展带。

攀西城市群。即安宁河谷—攀枝花城镇发展带和金沙江沿江城镇发展带。

在这一雄心勃勃的计划中，成都市的定位是：西部地区核心增长极、内陆开放高地、最具竞争力的城市，成都平原城市群的核心。为此，成都将加快完善市域城镇体系规划建设。在其制定发布的《成都市新型城镇化规划（2014—2020年）》和《成都市域城镇体系规划（2014—2030年）》中，规划建成7个卫星城和10个小城市，重点推进80个特色镇和75个一般小城镇改造，启动104个川西林盘保护，总计完成投资498.1亿元。目前，龙泉驿区西河镇等26个镇入选全国重点镇，数量位居15个副省级城市第一；17个镇入选全省“百镇试点”小城镇，数量位居全省第一。到2020年，成都新型城镇化规划发展目标是：

人口城镇化水平稳步提高。到2020年，全市常住人口城镇化率达到77%，年增长1个百分点。

城镇化形态格局更加优化。打破单中心、摊大饼式空间拓展模式，构建1个特大中心城（双核）、7个卫星城、6个区域中心城市、10个小城市及68个特色镇和2 000余个农村新型社区组成的市域城镇体系，初步形成以“双核共兴，一城多市”的网络城市群为特征的大都市区域城镇形态格局。1个特大中心城由中心城区和天府新区（直管区）构成，7个卫星城是指龙泉驿、温江、青白江、郫县、双流、新津、都江堰，6个中心城包括金堂、彭州、崇州、大邑、邛崃、蒲江，10个小城市是永宁、新繁、清泉、安德、淮口、羊马、蒙阳、寿安、羊安、沙渠。

与此同时，成都市还将实现以下目标：城镇化产业支撑更加有力、城市发展质量显著提升、城市人文魅力更加彰显以及城镇化体制机制创新保持领先。

中长期而言，成都新型城镇化发展目标是：到2025年，常住人口城镇化率达到80%左右，人口总体规模和空间分布得到有效调控，人口结构进一步优化，大都市区功能形态全面建成，新型工业化和新型城镇化良性互动，城市发展质量全面提升，城市人文魅力全面彰显，城镇化发展体制机制更加完善。国际性区域中心城市全面建成。

可以看出，相对于四川省新型城镇化规划的各项指标，成都市早已达到或超过。因此，今后一个时期，成都市新型城镇化建设的重点主要不在硬件，而是如何破解制约其良性发展的制度与相关体制机制。本章探讨的行政体制即为其中之一。

四、成都市新型城镇化对城市行政体制提出的挑战

（一）现行等级化的行政管理体制制约了成都市邻近卫星城的健康发展

我国现行的行政管理体制是一种等级化的体制，居于上一层次的政府对下一级政府有着人、财、物、权等多方面的管辖权。相对于下一级政府而言，上一级政府通常拥有更多资源、更大的权力、更多的机会。从城镇化的角度看，这一体制一方面导致中心城市、大城市发展过快、聚集人口过多、城市病越来越严重；另一方面广大中小城镇产业基础薄弱、人口净流出、城市基础设施不健全，很难在解决“两个一亿人”问题、促进就地城镇化中施展手脚。在成都，这一问题现实地表现为主城区人满为患，产业过于集中，已没有发展空间，但周边的新都、温江，甚至最近的双流等的发展始终令人不满意。

（二）人口过于向主城区集中，空间分布不平衡

目前，成都市的人口主要集中在主城区。以 2014 年为例，人口密度最高的青羊区达到 9540 人/平方千米，而毗邻主城区仅数公里的双流县仅为 931 人/平方千米，相差 10 倍。囿于地理限制，主城区域已没有进一步发展的空间，相反，交通拥堵、环境污染等大城市病越来越严重。但是，成都市周围的县、乡、镇的城市化水平则差强人意，市政设施和公共服务水平都不高，不仅对从主城区分流出来的人口缺乏吸引力，甚至对从农村转入城市的人口也缺乏吸引力。这进一步拉大了成都市不同区域间发展水平的差距，小城市建设和经济发展既缺乏人才，甚至也缺乏人力。如果将视角进一步放大到乡镇一级，情况就更是如此。

（三）城市管理与社会管理亟待加强

自 2003 年成都市推行城乡统筹以来，在城市近郊附近形成了一个特殊的“涉农社区”。所谓涉农社区，是指土地被征用后的农村人口集中居住在政府兴建和安置区内所形成的社区。这些社区的地理位置虽然邻近城市，甚至就在城

市之中，但其社会结构、邻里关系，甚至生产生活方式等，仍然属于农村。究其实质，与拉美国家的城市“贫民窟”并无本质的区别。对政府而言，由于这些社区在征地拆迁、土地流转、就业、公共管理等方面积累了深厚的矛盾，管理的难度非常大。一是对公共服务的需求方式发生改变。集中居住以前，公共服务的供给模式呈现分散、甚至自给的基本特征，集中居住后公共服务也走向了集中。与此相适应，居民对公共服务供给的质量、效率都提出了更高的期待。二是对公共事务的参与方式发生改变。集中居住以前，农民对公共事务的参与主要集中在村、组进行，而在“并村、并组、村改居、集中居住”的推动下，农村社区规模不断扩大，公共利益的范围不断增加，原有的以村组为单元的参与模式已经不能适应新的情况。三是农民的就业方式发生改变，就业的不确定性客观上增加了社会管理的难度。土地向规模化经营集中，一部分农民以农业产业工人的形式就业；一部分农民则利用靠近城市的区位优势，经营起以城市人口为目标人群，以休闲、观光为主要目的的“农家乐”，另一部分农民成为农村中富余的劳动力。多样化的就业渠道，一方面有利于农民增加农民收入，但同时由于土地对农民就业的维系作用减弱，因市场而决定的就业风险增加，这些因素在客观上加大了社会管理的难度。

此外，随着“工业进园区”，园区附近流动人口的增加，城市周边的小产权房、黑作坊与相伴劳工，数目巨大，隐患丛生，当地政府也面临着严峻的治理困难。

（四）基本公共服务的均等化远未实现

由于人口过快聚集，现在成都市主城区已明显超过环境与资源的承载力，教育、卫生、交通等公共服务只能满足户籍人口的需要。在二圈层，由于财力不足，公共服务供需之间的矛盾也很突出。以郫县为例，户籍人口 54 万人，但常住人口超过 100 万；一些邻近中心城区的镇，外来人口是户籍人口的 2～5 倍，但学校、医院、公交车均按户籍人口规划建设。对于至关重要的农民工市民化问题，目前既缺政策也缺投入。现在，成都共有 244.43 万外来人口，相当于户籍人口的 20.8%，换言之，每五个成都人中就有一个外来人口，这些人口中的80%又集中在主城区与紧邻镇街，导致城镇基础设施全面紧张，如交通、市政、消防、环境设施紧张；更形成教育、医疗、社保、就业等以“人”为中心的公共服务，只能按“身份”享受服务，歧视明显。

（五）深化行政体制改革面临现实约束

在推进城乡统筹和中小城市综合改革的过程中，成都市始终坚持创新发展。但在创新与改革的过程中，不断遇到与现行法律不符、甚至冲突的问题，如建立“三级政府一级管理”体制与宪法赋予政府职责有所抵触，允许设立有利于健康产业发展的外商独资医疗机构、医疗保险机构和文化场所的设施需引进外商投资医疗设备与国家现行医疗器械监督管理条例相冲突，外来人口落户和中央、省级财政转移支付协调增长机制与现行财税政策相抵触等矛盾问题。另外，基层机构、编制、人员配备等严重不适应城镇化发展的需要。这主要表现在以下几个方面，一是乡镇责权利不对等，人员知识结构老化，人才缺乏。二是机构、人员编制管得过细过死，严重制约乡镇经济的发展，与发达乡镇的实际严重不相适应。另外，农村管理存在问题较多。集体土地流转、农村住宅流转难，农民融资难；规模经济受行政区划、行政管理体制制约严重；就地城镇化与规模经济之间存在突出矛盾；传统工业化背景下的农民变市民与就地城镇化存在两难选择。

总之，目前的成都市虽然可以说是西部最现代的城市之一，但总体而言，仍然是典型的“大城市带大农村”的格局，高度城市化的中心城区与城镇化刚起步的郊区城镇化并存，土地、财政、户口、社保、公共服务等的二元特征并没有被完全打破。创新行政体制、适应并推动新型城镇化的健康发展的必要性和迫切性十分突出。

五、“县改区”“镇改街”，深化行政区划改革

成都市现有11个区、5个县，代管理4个县级市。具体如下：锦江区、青羊区、金牛区、武侯区、成华区、高新区、龙泉驿区、温江区、新都区、青

白江区、双流区（2015 年 12 月新设）、郫县、蒲江县、大邑县、金堂县、新津县、都江堰市、彭州市、邛崃市、崇州市。

根据成都市近年来城镇化的发展情况以及相关规划，到 2020 年，全市常住人口城镇化率将达到 77%，届时将有近 800 万人居住在城市。为此，成都市规划建成 7 个卫星城和 10 个小城市，重点推进 68 个特色镇和 75 个一般小城镇改造，初步形成“双核共兴，一城多市”的网络城市群。为了适应这一发展趋势，深化行政区划改革势所必然。

（一）适时启动撤县（市）设区改革

根据规划，成都市将以中心城区和天府新区为核心，建成 7 个卫星城市（龙泉驿、温江、青白江、郫县、双流、新津、都江堰）。从距离中心城区的距离、人口聚集密度、产业发展形态上看，这几个卫星城在物理形态上已与主城区连成一体，但在城市管理、公共服务的质量水平方面等与主城区相去甚远。当前，要注意在把这几个区往卫星城方面建设的同时，人为撕裂这些地区与主城区之间形成的比较紧密的经济、信息、人员、产业联系，防止出现小岛化、孤岛化。为此，应当将这几个地区全面纳入成都市行政版图，实施撤县设区改革。具体而言，就是将还未改成区的郫县、新津、都江堰三地，适时启动改革，撤县（市）设区。

（二）进行镇改设街道办事处、乡村改设镇以及部分乡镇（街道）行政区划的局部的调整

在建设卫星城、小城市的同时，成都市还将重点推进 68 个特色镇和 75 个一般小城镇改造以及 2 000 余个农村新型社区建设。为此，需要适时将具备条件的镇改设为街道，乡改设为镇。推动这一工作的要点在于，既不能人为造“城”，一哄而上，也不能因噎废食，人为阻挡城市的形成。要适应城镇化现实发展进程的需要，可以在一些人口聚集程度较高的乡通过提前设镇的方式，推动人口、产业更多更高地集聚，也应当将一些事实上已具备小城市基本特点的镇改设为街道办事处，逐渐拉平城乡之间的差距，渐进式实现城乡一体化。

六、简政放权，重心下移，全面推行小城市行政综合执法

随着城镇化的发展，成都已经并将形成一大批小城市，如永宁、新繁、清泉、安德、淮口、羊马、蒙阳、寿安、羊安、沙渠等。比较而言，这些小城市与主城区的距离较远，城市发展各方面的差距也比较大。也正因为如此，这些小城市未来将成为人口聚集的重要承载地。从现在的情况看，多数地区的人口聚集已有相当规模，但其城市管理、社会服务、公共管理等方面的水平还很欠缺。究其原因，主要还是因为在现行行政体制的框架下，这些事实上已成为小城市的地方仍然属于农村政区，其机构、人员、职能、经费等都是按管理农村而不是管理城市的方式设置的。为此，一方面要适时启动乡改街道等区划改革方面的大动作，另一方面要在这一改革尚未到位之前，全面实施行政综合执法改革。

（一）按大部门制的基本思路设置小城镇的行政管理机构

具体来说，对于各个部门（系统）内的多个执法机构或多支执法队伍，可借鉴文化、交通等部门（系统）改革试点的经验，尽可能整合执法资源，归并一个，实现部门内的综合执法；对于跨领域的执法职责交叉等问题，除了已开展试点的领域外，原则上可不再设跨领域的综合执法机构，主要通过结合大部门制改革整合执法资源、联合执法、明确部门职责分工、建立部门间协调配合机制等途径逐步解决。

（二）简政放权，重心下移，全面推行小城市行政综合执法

可在市、县、区设立综合执法机构，统一负责辖区内的综合执法工作，明确地方执法责任，上级行业部门可对下级执法机构的执法活动进行指导和监督，但不应替代下级机构执法。特别是城管综合执法，由于跨领域跨部门组建，涉及诸多城市管理领域，加上各地城管执法机构的职能范围有的多有的少，存在很大差异，情况比较特殊，难以确定哪个中央或省级部门为对口管理

部门，更需坚持地方属地化管理；为了规范城管执法起见，与城管业务联系密切的城建、工商、公安等上级职能部门，可对城管综合执法给予相应的业务指导。

（三）加强小城市综合行政执法主体的能力建设

为了解决人手矛盾以及综合执法机构和人员的规范化管理难题，应通过强化业务能力培训的方法，加强综合执法机构和人员的业务能力建设。对行政执法人员按照或参照公务员标准进行录用和管理，加强综合执法人员的业务培训，建立持证上岗制度，并配备与执法任务相匹配的装备和设施，提高执法人员的法律素质、业务素质和执法水平。要简化和优化流程，确保执行的合规性和准确性。要采用技术手段，强化采证能力和信息沟通能力。要抓好配套改革，如建立综合执法的专项经费，严格执行处罚与收缴分离的法定原则，抓好规范执法等。

七、统一标准、扩大范围，加快推进城乡基本公共服务一体化

成都市自推行城乡统筹以来，已在城乡基本公共服务一体化的道路上行进了很远。在社会保险、公共设施标准化建设、就业促进、村级公共服务和社会管理方面进行了很多以统一、合并、标准化为特点的工作，领先于全国其他地区，在就业促进、养老保险、医疗保险以及相应的经办服务方面实现了城乡一体化。到 2015 年 11 月，参加城镇职工养老保险人数达到 546.87 万人，参加城乡居民养老保险的人数达 325.87 万人，参保覆盖率超过了 95%，城乡养老保险实现了市级统筹。今后一个时期，可继续在以下几个方面深入推进城乡基本公共服务一体化。

（一）渐进扩大基本公共服务的范围

根据成都的实际情况，我们建议在近五年内，成都市应将基本公共服务的内容限定在第一层次的范围内，即“有房住、有医就、有学上、有业可就”。

目前，成都市在就业促进、养老、医疗、社会救助上已实现了城乡一体化，但在义务教育、公共住房方面，尚未取得明显突破。今后一个时期，成都应将基本公共服务城乡一体化的范围逐步扩大，将义务教育、公共住房两项纳入建设范围。

（二）实现全市统一的基本公共服务标准

在主城区及其卫星城的范围内，实现统一的基本公共服务标准，实现人员在这些区域内的无障碍流动。

（三）简化现行管理制度

总体而言，现在成都的社会保险体系分城乡、分人群、分地域的特点仍然不同程度地存在。今后可向统一化、标准化的方向迈进。

为了给还处于城镇化发展起步阶段的乡镇助力，未来成都市应重点调整县乡之间的财政关系，建立财力与支出相匹配的乡镇财政体制。其要点是，一是以输血、造血为主，增强基层财政力量。要在做好产业综合布局的同时，将乡镇一级财力尽量留在本地，上级政府原则上不分享乡镇一级的税收。二是按“财力下移，缺口上移”的原则，对乡镇财力难于覆盖的缺口部分，由上级财政通过转移支付的方式补足。三是调整事权范围，将适宜于上级财政负担的支出责任上移，一方面有利于减少乡镇负担，另一方面有利于基本公共服务的一体化进程。

针对经济强镇，要确定“扩权强镇、打造县域经济社会次中心”的目标，抓住机遇深化改革，不断推进体制机制创新，有效激发试点镇发展活力。一是下放管理权限。适应经济发达镇经济社会发展需要，按照“依法下放、能放即放、权责一致”的原则，逐步下放城镇建设、规划投资、项目审批、环境保护、安全生产、市场监管、社会治安、民生保障等方面的行政审批权和其他行政执法权，增强了经济发达镇统筹经济社会发展的能力。二是优化组织结构，按大部制的思路综合设置党政机构，并明确职责，科学定岗、定责、定流程。三是扎实推进综合行政执法。可结合全市综合执法改革，探索建立联合执法平台，将经济发达镇的执法工作人员、县直派驻执法工作人员整合到综合执法办公室联合办公，由综合执法办公室统一考核管理、调度指挥，并与县直主管部门建立县镇行政执法联动机制。四是统筹做好相关配套制度改革。主要是在土地、金融、户籍管理等方面出台一系列配套政策，积极推进财政体制改革、干部人事制度改革、用地制度改革，加快户籍、就业、社会保障制度改革，为经济发达镇的腾飞创造条件。

八、双流区创新城市行政体制的具体做法

双流毗邻成都市主城区不到 20 公里，是成都双流国际机场的所在地。多年来，双流与成都市经济相互交织，一体化程度已非常高。同时，由于得天独厚的地理位置与气候条件，近年来人口集聚程度的总量与结构很突出。但由于种种原因，直到 2015 年底之前，双流从行政身份上并未与成都市融为一体，而是始终保持了相对独立的“县”这一农村政区的身份。由于行政身份与其早已城镇化之实不符，引出很多管理问题。这些问题及双流谋求解决问题的办法，鲜明地反映了城镇化进程中行政体制改革滞后的样貌形态，很有代表性和启示意义。

（一）双流概况

双流位于成都市西南郊，距成都市主城区 10 公里。2013 年，全域双流辖区面积 1 032 平方公里，其中建成区面积 110 平方公里，耕地面积 442 平方公里；辖 18 个镇、6 个街道办事处、151 个社区、106 个村。2014 年末，双流户籍人口 53.26 万人，其中非农业人口 43.49 万人，农业人口 9.77 万人；2014 年全县常住人口 75.41 万人，城镇化率 78.03%。

双流经济实力雄厚。2014 年双流实现地区生产总值 569.2 亿元，完成固定资产投资 445.8 亿元，地方公共财政收入 51.96 亿元，社会消费品零售总额 142.95 亿元。该县经济发展在成都市周边各县市中遥遥领先，2015 年位列全国百强县西部第一名，连续 6 年荣获“中国全面小康十大示范县市”称号。[①]

---

① 双流政府门户网站——“走进双流”。

（二）双流新型城镇化进程

与其他区域相比，双流的城镇化水平较高（见表8），已经进入城市化稳定阶段①，在2015年县域经济基本竞争力全国百强排名中稳居第14位。② 从产业结构角度来说，双流第二产业占据主导地位，第三产业仅次于第二产业，第一产业占比逐年下滑，非农产业占据绝对优势（见表8）。由此可以看出，双流在经过多年的产业结构调整后，目前产业结构优良，有利于以后经济稳定持续发展。

作为成都二圈层近郊区，双流城镇化水平与中心城区比相对滞后，正处于工业化、城镇化双加速时期。其中，东升、西航港、协和等城市组团建设在有序推进中，新拓展城市空间2平方千米。5个“市级特色示范镇”正在建设实施过程中，现永安镇已成为“省级百镇建设试点镇”，黄龙溪镇已获批“全国重点镇”。同时，双流按照“小规模、组团式、生态化”理念推进新农村建设，金桥镇临江村等3个村获评“省级美丽乡村”。

表8　双流城镇化率、三次产业比例及非农产业比重

年份	2010	2011	2012	2013	2014
城镇化率	60.20%	61.30%	63.80%	64.73%	78.03%
非农产业比重	93.80%	94.60%	95.10%	95.40%	97.60%
三次产业比	6.2∶50.4∶43.4	5.4∶53.3∶41.3	4.9∶52.8∶42.3	4.6∶51.5∶43.9	2.4∶60.4∶37.2

（三）双流新型城镇化规划

双流把天府新区建设作为推进新型城镇化的核心驱动而全面对接“天府新区”规划。该规划以双流经济、区位优势为基础，提出“西南门户”的城市定位和打造区域性中心城市的发展目标，顺应了成都都市圈发展的时代潮流，也

① 陈明星、叶超等：《城市化速度曲线及其政策启示——对诺瑟姆曲线的讨论与发展》，《地理研究》，2011年8月刊。诺瑟姆在其城市化三阶段理论中提出，城市化率超过70%以后，就进入了城市化稳定阶段，最终会稳定在90%以上。

② 全国县域经济专业研究机构社会智库中郡研究所：《2015县域经济发展报告》，2015年8月22日。

符合成都市政策发展导向。

规划中提到："到远期2020年，双流域总人口为315万人（天府新区范围内人口为278万人，占总人口的88.25%），其中城镇人口为295万人，城镇化水平为93.7%；中心城区规划形成'一港、一城、四区'（'一港'：即由机场环港路围合而形成的空港经济贸易圈；'一城'：即天府新城，总面积122平方公里；'四区'：即空港生态科技产业功能区、空港高技术产业功能区、创新研发产业功能区和南部现代农业科技功能区）的功能结构。依托双流国际机场，建设服务城市总部商务办公等城市中心级设施；提升城市能级，承接中心城功能转移，建设为市域配套的公共功能区；确立卫星城公共配套设施等级，按照城市—片区—产城单元—社区四级进行配套；延续天府新区规划理念，结合行政边界、分期建设等因素划分产城单元，配建公共中心，实现10分钟公共服务圈"。① 在强化城市中心职能的同时，双流将高水平建设城市新区，完善城市区域功能，塑造现代化城市形象。

（四）双流新型城镇化过程中的困难

1. 城市管理的"两多一不足"

从城市管理角度看，双流面临的困难可以用"两多一不足"来概括。其中"两多"指的是：一是外来人口多。现在双流户籍人口是53.26万，但流动人口达到了31万，且分布集中。其中西航港街道因其辖区北接成都市武侯区，东邻天府新区，西与双流国际机场毗邻，且辖区内高等院校荟萃，工业厂房云集，总共有15万流动人口聚集。在这部分流动人口之中有大量的吸毒贩毒人员，使双流的犯罪率较之四川省其他地方偏高。虽然双流相关部门对该街道进行部门联动管理，但是依然面临巨大的城市管理压力。二是少数民族多。截至2009年，双流有彝族、藏族、羌族、苗族、回族、蒙古族、土家族等34个少数民族（不含西南民族大学）。② 少数民族常住人口6 000多人，流动人口3万

① 《成都市双流区城市总体规划（2014—2020年）》（暨双流区卫星城总体规划），2015年4月22日。

② 《构建民族和谐 双流创造经验》，成都市人民政府门户网站，2009年5月25日。

多人，主要分布在东升、华阳、西航港街道和九江镇。一方面，疆独藏独分子混杂其中，另一方面，民族关系复杂，民族矛盾有激化爆发的可能，带来了一定的治安隐患。

"一不足"指的是城市管理执法力量不足。成都市现有的城管执法体系是由市和区县两级执法体制组成的，乡、镇人民政府没有城管执法主体资格。这就导致区域广阔的双流辖区内的众多乡、镇无法履行城管职责。再则现双流仅有正式在编城管人员 360 余人，协管人员 1 000 余人，与双流 75.41 万的常住人口相比差距过于悬殊。

2. 公共服务的供求矛盾

由于双流毗邻成都市主城区的地缘优势，导致许多成都市主城区居民选择在双流购房置业。但是刚刚经历撤县设区的双流公共配套设施和公共服务与成都主城区相比差距明显，无法满足高消费群体对于商品房小区周边如医疗、交通、就业、教育等配套服务的需求，由此产生了较为严重的供求矛盾。

另外，双流基本公共服务的非均等化问题还未得到妥善解决，并由此产生的地区之间、城乡之间、不同群体之间在基础教育、公共医疗、社会保障等基本公共服务方面的差距明显，特别是随着"新型城镇化过程中双流农村公共服务需求的全面释放，义务教育、公共医疗、最低生活保障等基本公共产品的供给，已经成为双流农民最为关心的问题"。①

3. 新型社区（农民集中居住区）管理的重重障碍

截至 2014 年底，双流已建成新型社区 109 个，面积 767 万平方米，入住农民 5.87 万户、17.08 万人。② 但新型社区普遍存在机构不健全、制度不完善、管理不规范、群众不参与、经费不自筹等问题，群众住进了新楼房，未成为新市民。加之社区居民构成较为广泛、利益诉求多元、居民文化程度不高等众多问题，新型社区成为社会矛盾集中点和爆发地，为地方社会管理创新带来

---

① 廖青云：《双流城乡基本公共服务均等化的现状与研究》，《四川科技报》，2014 年 8 月 13 日。

② 双流区委宣传部：《激活群众主体作用 构建和谐新型社区 ——聚焦双流新型社区自治管理改革创新实践》，《成都日报》，2014 年 12 月 18 日。

了前所未有的困难和挑战。

4. 行政区划调整带来的规划难题

1992年至今，双流共经历了15次行政区划调整，最后一次是从双流县撤县设区为成都市双流区。[①] 行政区划的不断调整给双流的整体规划和辖区内各乡镇的分部规划增加了不小的难度。再加上乡镇的规划建设工作已下沉到乡镇级政府，而乡镇级政府原有的财力、人力不足以完成此方面的工作任务，这就使原本困难的行政规划雪上加霜。

（五）双流针对上述问题的解决对策

1. 社区城管缓解“两多一不足”的城管压力

解决“两多一不足”的关键就是要增强双流城管的行政执法力量。在既有城管行政编制无法增加的前提下，合理优化配置城管资源是最佳解决方案。现在双流的乡镇一级由于没有城管的配置，使得真正贴近群众的一线的执法任务无法得到有效开展，所以合理配置城管资源的当务之急就是要使得城管执法重心下沉。双流对此的创新措施是推出了社区城管，将城管派出到乡镇、街道乃至社区工作。和协管人员不同，派往乡镇和街道的城管人员都是具有行政执法主体资格的在编人员。虽然该部分城管数量有限，但是辅之以乡镇、街道和社区的工作人员，城管执法能力大大提升。

按照“双重管理，属地为主”的原则，派驻在乡镇和街道的城管正式人员人事工资关系不变，其考核、奖惩、调配等组织、人事工作由所派驻的乡镇和街道负责。[②] 这样一方面赋予乡镇和街道一定的监督权力，另一方面又便于区城管局随时指导和了解一线执法工作的开展情况。社区城管这一举措彻底改变了原来“看得到的管不了，管得了的看不到”的行政执法尴尬局面，也真正实现了城管力量融入网格、融入社区、融入群众的改革目标。

---

① 2015年12月15日晚，四川省人民政府网站发布公告称：经国务院批准，同意撤销双流县，设立成都市双流区，以原双流县的行政区域为成都市双流区的行政区域，双流区人民政府驻东升街道顺城街1号。

② 双流区城管局：《双流社区城管职责》。

2. 村级公共服务外包和“五个一”惠民工程提升公共服务品质

2009 年，在成都市开展的村级公共服务和社会管理改革试点工作中，双流大胆探索，率先启动改革。试点村采取“政府购买、社会参与、市场运作”的方式，将村级经营性服务和部分社会管理项目纳入市场竞争，大大降低了服务成本，形成了政府“办事不养人”的服务格局。双流共梳理出涉农公共服务项目 124 项，涉及众多部门、各个领域。双流按照“公益性服务政府承担、福利性服务适度补贴、经营性服务推向市场”的原则，县（当时为双流县，现为双流区）、镇财政划拨村级公共服务和社会管理常年运行经费，并实行“定额补贴”制度。根据各地实际，县级财政按平均每村（社区）20 万元、镇财政按平均每村（社区）不低于 5 万元的标准予以定额包干补助。加上成都市补助的 10 万元，每个村（社区）平均可以得到 35 万元的财政保障。对于村级软、硬件平台建设所需经费，则由县财政按平均每村（社区）20 万元的标准，采取以奖代补的方式予以一次性补贴。同时，还将村级公共服务和社会管理常年运行经费纳入县、镇两级财政预算，直接预算到村（社区），实行统一拨付、专账管理、专款专用，成为推进城乡公共服务均衡发展的“双保险”。①

为了提高辖区内公共服务的品质，双流政府积极探索，逐步构建了双流电子政务“一键通”、医疗服务“一卡通”、便民服务“一号通”、矛盾调解“一站通”和公交全域“一元通”的“五个一”便捷式服务平台。双流作为一个刚刚由县改区的二圈层区县，意欲追赶成都主城区的公共设施和公共服务水平绝非一日之功，但是双流选择从力所能及的小事着手，把做精、做细的服务触角延伸到了辖区的各个角落、方方面面，在有效提升政府公共服务质量的积极探索中开辟了新的路径。

3. “1＋3＋1＋N”的自治管理服务框架应对新型社区管理难题

2012 年 4 月以来，双流在全区集中居住 100 户以上的新型社区搭建“1＋3＋1＋N”的自治管理服务架构（即 1 个小区党组织、3 个自治主体、1 个物

---

① 吴天爵，敖邈：《四川双流：创新村级公共服务供给方式》，《中国财政》2010 年第 9 期。

业服务中心、N个社会组织)，全面推开以“五化”为主要内容（即民主化管理、多元化筹资、市场化经营、精细化服务、市民化培育)，以“四自”为主要目标（即自我管理、自我服务、自我教育、自我监督）的新型社区自治管理。

在具体实践中，双流采用“三四五六七”工作法，落实“五化”，推动新型社区自治管理。“三四五六七”工作法，即以“三会”为主体——通过民主选举，搭建了议事会、管委会、监委会的自治主体，推动自治管理民主化。以“四个一点”，推动经费筹集多元化：群众自己出一点，市场运作筹一点，村（社区）资金投一点，县镇财政资金补一点。以“五个做法”，推动资产经营市场化：摸清家底明晰权属、建立台账动态管理、公开竞拍承包权益、农业用地实行流转、招租出租商业铺面。以“六大举措”，推动管理服务精细化：绘制“一区一图”，以楼栋为单位划分片区，选举出1 018名楼栋长，初步实现网格化管理；建立“一户一档”；设立物业服务中心；引入电信金融物流；建立警务室；开展文化便民。以“七项活动”，推动生产生活市民化：开展星级创评活动；坚持开展“民情日”“议事日”“服务日”活动；进一步深化“爱卫”“三美”和“平安创建”等活动；开展社会组织活动；开展市民化培育活动；开展旅游产业类活动；坚持定期开展群众满意度测评活动。①

4. 乡村规划师完善双流规划体系

2010年，成都首创乡村规划师制度。截至目前，共选拔培养乡村规划师100多名，双流有10名乡村规划师。这些乡村规划师是面向社会招聘的，年薪为10万元，由成都市统一招聘。为保障乡村规划师制度的落实，成都市级财政每年在城建专项资金计划中安排乡村规划专项经费3 000万元，主要用于补贴乡村规划师社会招聘人员薪资，对乡村规划师及全市基层规划工作人员培训，重要规划编制经费的补贴及优秀乡镇规划设计成果的评选和奖励等。②

乡村规划师的主要职责为“代表乡镇政府组织相关规划编制，对乡村规划

---

① 双流县统筹办：《发挥群众主体作用 共建和谐新型社区——双流县推进新型社区自治管理改革初探》。

② 《成都市乡村规划师制度实施方案》，2010年9月17日。

及项目设计方案进行初步审查，就乡村规划实施、项目建设进行指导，并提出改进乡村规划工作的意见和建议等”。[①] 实践表明，这支队伍既能提升乡村规划理念，又能表达村民发展诉求；既能提高规划编制质量，又能促进规划实施动态管理；既能强化乡村规划实施监督，又能践行倡导式乡村规划模式。在我国城乡一体化发展过程中，乡村规划师队伍能发挥的作用不可替代。

① 《乡村规划师制度呼之欲出》，《中国建设报》，2015 年 11 月 10 日。

附件

成都市乡村规划师制度

一、乡村规划师的主要职责

乡村规划师是（区）县政府按照统一标准招聘、征选、选调和选派并任命的乡镇专职规划负责人。乡村规划师主要职责：

一是负责就乡镇发展定位、整体布局、规划思路及实施措施向乡镇党委、政府提出意见与建议，参与乡镇党委、政府涉及规划建设事务的研究决策。

二是负责代表乡镇政府组织编制乡村规划，提出具体的规划编制要求，对规划编制成果进行审查把关并签字认可后，按程序报批。

三是负责代表乡镇政府对政府投资性项目进行规划把关并签字认可后，按程序报批。

四是负责代表乡镇政府对乡镇建设项目的规划和设计方案向规划管理部门提出意见。

五是负责代表乡镇政府对乡镇建设项目按照规划实施的情况提出意见与建议。

六是负责向乡镇政府提出改进和提高乡村规划工作的措施和建议。[1]

涉及乡村规划问题，所负责的乡村规划师必须有明确的意见。乡村规划师制度还规定，乡村规划师对重大项目有"一票否决权"，[2] 以避免出现重复规

---

① 《成都市乡村规划师制度实施方案》，2010 年 9 月 17 日。

② 《成都招聘 24 名乡村规划师 年薪 10 万拥有"一票否决权"》，《华西都市报》，2015 年 10 月 3 日。

划、形象工程等情况的发生。

二、乡村规划师的选拔条件

乡村规划师申请者需具有城市规划、建筑学等相关专业（园林、景观、道路、市政、交通等）本科以上学历；同时需具有注册规划师或注册建筑师执业资格，或从事城乡规划、设计和管理工作经历在5年以上（具有研究生以上学历的，相关工作经历1年以上）；此外，申请者需要身体健康，年龄40周岁以下。

三、成都市乡村规划师制度发展现状

（一）成都市乡村规划师人数及覆盖状况

成都在2010年首创乡村规划师制度。截止到2015年底，成都共招募了6批乡村规划师，计253人次，并在全市196个乡镇配备了乡村规划师（全市共223个乡镇，除纳入各级城市规划区的27个乡镇外，共196个乡镇），实现了乡村规划师全域满覆盖。根据“全域成都”规划和世界现代田园城市示范线建设要求，在成都确定的105个重点乡镇中，每个乡镇配备1名乡村规划师；其他建设规模较小的91个一般乡镇，每2～3个乡镇配备1名乡村规划师。[①]

（二）成都乡村规划师的待遇情况

成都市的乡村规划师是面向社会统一招聘的，年薪制，年薪10万元人民币，由基本薪金（占总额的80%）和业绩薪金（占总额的20%）两部分构成。基本薪金是年度工作的基本报酬（购买社会保险的工资基数），按月发放，并由签订劳动合同的单位按照相关规定代扣代缴社会保险金和住房公积金的个人部分、个人所得税等。业绩薪金是工作业绩的报酬，根据考核情况，每年度发放一次。年度考核优秀和合格者，获业绩薪金2万元人民币；年度考核不合格

① 《成都市乡村规划师制度实施方案》，2010年9月17日。

者，不发放业绩薪金。[①]

(三) 成都市设立乡村规划专项经费

为保障乡村规划师制度的落实，成都市级财政每年在城建专项资金计划中安排乡村规划专项经费 3 000 万元，主要用于乡村规划师社会招聘人员年薪补贴，乡村规划师及全市基层规划工作人员培训，重要规划编制经费的补贴，市级规划设计专家审查和咨询费用，优秀乡镇规划设计成果的评选和奖励等。[②]

四、乡村规划师制度建设的意义

实践表明，在我国城乡一体化发展过程中，乡村规划师队伍能够发挥其他专业队伍不可替代的作用，主要包括：提升乡村规划理念；表达村民发展诉求；提高规划编制质量；促进规划实施动态管理；强化乡村规划实施监督；践行倡导式乡村规划模式。[③]

同时，成都市乡村规划师制度吸引了大批有志之士投身于乡村规划师事业，解决了农村规划建设人才匮乏、标准缺失、脱离乡情、管理薄弱等突出问题，逐步探索了一套行之有效的乡村规划师制度架构和运行机制，为创建全国乡村规划师制度提供了重要的经验借鉴。

在 2015 年 10 月 18 日召开的第三届中国城乡规划实施学术研讨会上，中国城市规划学会城乡规划实施学术委员会、中国人民大学城乡发展与规划研究中心、成都市规划管理局等单位共同发起倡议，呼吁创建中国乡村规划师制度。“中国创建乡村规划师制度是时代的呼唤。中国乡村规划师扎根农村大舞台，是一批熟悉政策、懂得技术、甘于奉献的规划专门人才，将成为推进中国农村嬗变、引领农村现代化、促进中国城乡一体化不可或缺的重要力量。”

---

① 《成都市乡村规划师管理办法（试行）》，2010 年 10 月 27 日。

② 《成都市乡村规划师制度实施方案》，2010 年 9 月 17 日。

③ 《乡村规划师制度呼之欲出》，《中国建设报》，2015 年 11 月 10 日。

参考文献

［1］ Au， C. and V. Henderson. Are Chinese Cities too Small? ［J］. Reviewof Economic Studies 2006（73）：549-576.

［2］ Ray M. Northam. Urban Geography［M］. NewYork：John Wiley & Sons，1975.

［3］ 白南生．关于中国的城市化［J］．中国城市经济，2003（10）．

［4］ 蔡昉．加快城市化，培养新的消费群体［J］．领导决策信息，2000（43）．

［5］ 蔡继明等．解决“三农”问题的根本途径是加快城市化进程［J］．经济纵横，2007（7）．

［6］ 邓宇鹏．中国的隐性超城市化［J］．当代财经，1999（6）．

［7］ 杜鹰．我国的城镇化战略及相关政策研究［J］．中国农村经济，2001（9）．

［8］ 高佩义．中国城市化的特点和趋势［J］．中国农村观察，1991（2）．

［9］ 国家计委宏观经济研究院课题组．关于“十五”时期实施城市化战略的几个问题［J］．宏观经济管理，2000（4）．

［10］ 方创琳等．中国城市群紧凑度的综合测度分析［J］．地理学报，2008（10）．

［11］ 简新华，何志扬，黄锟．城镇化与中国特色的城镇化道路［M］．济南：山东人民出版社，2011.

［12］ 简新华，黄锟．中国城镇化水平和速度的实证分析和前景预测［J]. 经济研究，2010（3）．

［13］ 科佩尔·S. 平森．德国近现代史［M］．北京：商务印书馆，1987.

［14］ 陆大道等．中国城镇化发展模式：如何走向科学发展之路［J］．苏

州大学学报（哲学社会科学版），2007（3）．

［15］罗震东．中国都市区发展：从分权化到多中心治理［M］．北京：中国建筑工业出版社，2006.

［16］《日本历史统计》（1886—2002），http：www. stat. go. jp/english/data/ chouki/index. htm；《日本统计年鉴》，日本统计协会每日新闻社，2008.

［17］斯特拉斯蔡姆．城市住宅区位理论［C］．城市经济学（区域和城市经济学手册第2卷）中文版，北京：经济科学出版社，2001.

［18］孙永正．城市化滞后的八大弊端［J］．城市问题，1999（6）．

［19］舒圣祥．农民岂能“被城市化”［J］．中国产经新闻报，2010－09－16.

［20］王小鲁，夏小林．优化城市规模，推动经济增长［J］．经济研究，1999（9）．

［21］威廉·奥弗霍尔特．中国的崛起［M］．北京：中央编译出版社，1996.

［22］夏小林，王小鲁．中国的城市化进程分析——兼评“城市化”方针［J］．改革，2000（2）．

［23］周家来．“城市病”的界定、规律与防治［J］．中国城市经济，2004（2）．

［24］周一星．城镇化速度不是越快越好［J］．科学决策，2005（8）．

［25］朱铁臻．城市化是新世纪中国经济高速增长的强大动力［J］．经济界，2000（1）．

［26］蔡昉．如何转向全要素生产率驱动型［J］．中国社会科学，2013（1）．

［27］蔡昉，都阳．转型中的中国城市发展——城市级层结构、融资能力与迁移政策［J］．经济研究，2003（6）．

［28］陈亮等．中国经济潜在增长率的变动分析——基于日韩及金砖四国等典型国家［J］．经济理论与经济管理，2012（6）．

［29］陈鹏．新型城镇化的行政管理体制障碍分析［J］．宜春学院学报，

2013 (7) .

[30] 冯俏彬 . 在新型城镇化进程中重新定位“省直管县”政策 [J] . 中国行政管理，2015 (5) .

[31] Henderson，J. V. and Quiley，J. and Lim，E. “Urbanizationin China：Policy Issues and Options” [J] . Unpublished Manuscript，Brown University，2009.

[32] 黄锟 . 不可忽视的四项改革——城镇化行政管理篇 [J] . 新理财，2015 (6) .

[33] 李月，周密 . 跨越中等收入陷阱研究的文献综述 [J] . 经济理论与经济管理，2012 (9) .

[34] 震东 . 改革开放以来中国城市行政区划变更特征及趋势 [J] . 城市问题，2008 (6) .

[35] 马兰 . “省直管县”：我国行政体制改革的必然趋势 [J] . 管理观察，2013 (8) .

[36] 王垚，王春华，洪俊杰等 . 自然条件、行政等级与中国城市发展 [J] . 管理世界，2015 (2) .

[37] 张京祥，吴缚龙 . 从行政区兼并到区域治理——长江三角洲的实证与思考 [J] . 城市规划，2004 (5) .

[38] 张蕾，张京祥 . 撤县设区的区划兼并效应再思考——以镇江市丹徒区为例 [J] . 城市问题，2007 (1) .

[39] 张占斌 . 经济中高速增长阶段的新型城镇化建设 [J] . 国家行政学院学报，2014 (1) .

[40] 郑秉文 . 转型发展中警惕中等收入陷阱 [J] . 杭州 (周刊)，2012 (8) .

[41] 朱舜 . 长三角及其经济腹地城市化空间格局优化的区域治理研究 [J] . 中国行政管理，2015 (12) .

[42] 李丽 . 领导职数频频超标多少副职才算合适 [N] . 中国青年报，2013 - 09 - 11.

[43] 林衍．广东顺德大部制改革 41 个一把手全部“消失”[N]．中国青年报，2011－06－08.

[44] 周建国，刘茜．建立与完善公务员职位聘任制：基于深圳实践的理论思考 [J]．江海学刊，2012 (4)：151－157.

[45] 邓小平文选：第 2 卷 [M]．北京：人民出版社，1994：321.

[46] 李利平．中外副职设置模式的比较研究 [J]．中国党政干部论坛，2008 (4)：29－31.

[47] 杨研，吴玉宗．新公共管理视域下的公务员制度创新——以深圳市公务员分类管理改革为例 [J]．中共四川省委省级机关党校学报，2012 (3)：81－85.

后 记

近年来，我国城镇化率以每年 1.3 个百分点的速度增长，到 2015 年我国以常住人口计算的城镇化率已达到 56.6%，相当于 7 亿左右的中国人已居住在城市，延续了几千年的“乡村中国”正在一步步变成“城市中国”。这是 21 世纪中国面临的最大、最深刻的时代背景变化，对我国政治、行政、经济、社会必将产生重大的影响。

新型城镇化的快速发展，对我国现存的行政体制产生了新的挑战，在一些率先推进城乡一体化的地区，情况尤甚。自 2003 年成都市大力推进城乡统筹以来，其城镇化进程发展十分迅速。与此同时，快速发展的城镇化与现行行政管理体制不相适应的方面陆续呈现出来，典型的如行政区划调整的问题、基层综合执法的问题、城乡基本公共服务差距的问题以及相关的社会治理、公共安全等，都出现了一些新情况、新问题，迫切需要行政体制进行一些创新性突破，来适应并推动新型城镇化的健康发展。四川省成都市编办为了更好地推动成都市新型城镇化发展，委托中国行政体制改革研究会组织专人对其中的行政体制创新和综合执法问题进行研究。本书是在这一委托课题报告基础之上修改、扩充后形成。

课题组认为，在成都出现的一些问题与情况，并不是成都一地的现象，而是具有相当程度的普遍性。举例而言，如市县关系问题、基层综合执法问题等，在城镇化先行的东南沿海一些地区早已出现，但囿于体制约束，也很少有彻底解决的先例。这说明，城镇化进程中的行政体制创新是一个具有普遍性的问题，需要站在更高、更广阔的角度来进行分析并提出相应的解决对策。特别是考虑到我国城镇化尚处于中期，还有若干的后来者也会遇到同样的问题时，这样做的必要性就更加清楚。有鉴于此，我们在原课题研究的基础上，努力从城镇化——这一当代中国“三千年未有之大变局”——的角度，探讨行政体制如何对此进行调整与适应。我们希望，本书的一些研究结论能为那些在未来城镇化道路上必将碰到此类问题的地区和城市提供一个参照的视角和一些可以借鉴的经验。当然，由于时间与水平所限，本书的一些观点还有待进一步打磨，我们也会在未来继续加强这方面的研究，共同服务于这一时代发展的迫切需要。

张占斌教授对本书进行了全面谋划，拟定写作提纲、安排写作分工，并召集了多次课题研讨会，对本书的写作、出版付出了大量的心血。具体写作的分工如下：第一、二章，由国家行政学院经济学部黄锟教授撰写；第三、四、五章，由中国行政体制改革研究会副研究员安森东撰写；第六、七章，由国家行政学院冯俏彬教授撰写，王玉博士协助。冯教授同时负责全书的总成和编撰。值此书出版之际，借此一隅，课题组全体成员感谢四川省成都市编办对于本课题研究提供的支持，感谢中国行政体制改革研究会的信任和委托，感谢国家行政学院出版社的鼎力支持！

作者

2016 年 5 月 16 日于北京